臨床心理学 147 Vol.25 No.3 2025

JAPANESE JOURNAL OF CLINICAL PSYCHOLOGY

Contents

特集 地域精神保健福祉の歩き方

佐藤さやか [編]

JN245535

好評既刊

Ψ金剛出版　〒112-0005　東京都文京区水道1-5-16　Tel. 03-3815-6661　Fax. 03-3818-6848
e-mail eigyo@kongoshuppan.co.jp　URL https://www.kongoshuppan.co.jp/

病棟に頼らない地域精神医療論
精神障害者の生きる力をサポートする

[監修]伊藤順一郎　[編]小林茂　佐藤さやか

浦河赤十字病院から浦河ひがし町診療所に舞台を移した川村敏明と，メンタルヘルス診療所しっぽふぁーれにおいて訪問医療を志向する伊藤順一郎による2つの対話。生活・仲間・就労のサポート，障害とともにある家族のケア，多様化するサービス。浦河をはじめとする地域の現状のレポート，そしてスタッフや市民との関係構築――「住む＝生きる」のケア，「家族＝環境」のサポート，「ケア＝サービス」の充実，「地域」の創生，そして「人材」の育成という5つの領域にフォーカスし，人々によるグラスルーツの実践と経験から，地域精神医療が目指すべきルートを探る。　　　　定価3,960円

こころの支援と社会モデル
トラウマインフォームドケア・組織変革・共同創造

[責任編集]笠井清登　[編著]熊谷晋一郎　宮本有紀　東畑開人　熊倉陽介

日々揺れ動く社会構造との絶えざる折衝のなかで，支援者と被支援者の関係，支援の現場は今，どうなっているのか？――東京大学発「職域・地域架橋型：価値に基づく支援者育成」プログラム（TICPOC）開幕に始まるこの問いに，多彩な講師陣によるカッティングエッジな講義録＋ポリフォニックな対話で応答する思考と熟議のレッスン。こころの支援をめぐるパラダイムが大きく変動する現在，対人支援をどのように考え実践すべきか？　組織変革を構想するマクロの視点と，臨床場面で工夫を重ねるミクロの視点から，日々変わりゆく状況に応答する。　　　　定価4,180円

福祉職のための精神・知的・発達障害者アウトリーチ実践ガイド
生活訓練・自立生活アシスタントの現場から

[編著]吉田光爾　遠藤紫乃　岩崎香

〈その人らしさ〉を大切に，〈ありふれた日々〉を讃えて――多彩なフィールドの実践レポートから，アウトリーチ事業運営のヒントまで，知的障害・精神障害・発達障害・高次脳機能障害を対象に展開されるアウトリーチ実践の「現在地」と「未来図」を描く。アウトリーチ支援を実践しようとする人たちを支え，一人でも多くの当事者・家族に支援をとどけるための実践ガイド。　　　　定価3,520円

価格は10%税込です。

1 地域精神保健福祉の歩き方

地域精神保健福祉への招待状

心理臨床の辺境から

佐藤さやか Sayaka Sato

国立精神・神経医療研究センター 精神保健研究所 地域精神保健・法制度研究部

I　はじめに

私の心理臨床の仕事の出発点は，国立精神科単科病院の社会復帰病棟に10年以上入院している統合失調症をもつ人を対象とした，地域への退院促進のためのプログラム開発とその実施であった（Sato et al., 2012）。海外で効果ありと報告されていたプログラム（Liberman, 1995）を日本でも，医師，看護師，精神保健福祉士，作業療法士，心理職で構成される多職種チームで実施できるように改訂した。プログラムを運営していくなかで心理職以外の職種が患者さんの何に注目してアセスメントし，どのような治療，ケア，支援をしようと考えるのか，その思考の習慣のようなものを学ぶことになった。そこでは心理職にとってはなじみのある視点や評価法，支援があまり活用されておらず，心理職が自分たちができることをもっとアピールすれば患者さんにも他の職種にもメリットがあるのに……と思ったことを覚えている。こうした環境で仕事を続けるなかで，重症精神障害をもつ人を対象とした地域生活支援や就労支援に心理学的支援を入れ込むにはどうしたらいいかと考えるようになり，実践や臨床研究を行ってきた（佐藤，2019；Yamaguchi et al., 2017）。そしてこれらの取り組みを学会などで発信したが，心理職のコミュニティでは思うような関心を集めることはできなかった。

もちろんこれは筆者の力不足が大きく関係していたと思うが，発信の内容が「心理職が好むクライアントや支援」からずれていた，という理由もあったかもしれない。例えば，アメリカ心理学会が認定する臨床心理学の博士課程の責任者を対象とした調査によれば，多職種連携や地域支援が必須である重症精神障害をもつ人の支援に焦点を当てたコースがあるという回答は，全体の14%に過ぎなかった。そしてこの要因として，臨床心理士（Clinical psychologist）は「洞察力」や「治療への意欲」をもったクライアントを好むことが挙げられている（Reddy et al., 2010）。おそらく日本の公認心理師や臨床心理士が好む支援対象も似ているのではないかと思われる。他方，社会の喫緊の課題であるメンタルヘルスケアに関わる資格として公認心理師という国家資格が誕生した。だが，公認心理師が支援すべき対象のなかで「『洞察力』や『治療への意欲』をもったクライアント」はどれくらいの割合なのだろう？

II　地域精神保健と臨床心理学

1　海外の動向から

海外での地域精神保健の取り組みは精神科病院の「脱施設化（deinstitutionalization）」が発端になっている。「脱施設化」とは「地域ケアサービス

の拡大を同時に伴う伝統的な施設による治療やケアの縮小」であり，①精神障害をもつ人々の病院から地域施設への移行，②新たな入院の可能性がある人の病院以外の居住サービス等への移転，③精神障害をもつ人のための地域における代替サービスの開発を含む，とされている（Bachrach, 1976）。つまり公立の大規模精神科病院という閉鎖的な環境下での長期療養に対する反省から1960年代以降に主として英米で起こった，重症精神障害をもつ人を地域で支えるための臨床実践である（詳細は本特集の山口論文を参照）。

　臨床心理学の領域でもこれと連動してさまざまな変化が起こった。米国では1963年に制定された地域精神保健法（Community mental health act）により，入院治療に依存しない外来型の精神保健サービスを提供する地域精神保健センター（Community mental health center：CMHC）が全米各地に設置され，公的資金のもとで心理学者が実践・訓練・地域支援に携わる機会が拡大した。これを受けて，1965年に開催されたスワンプコット会議（もしくはボストン会議）と呼ばれる会議で初めて"Community psychology"という言葉が提案され，CMHCで心理職がどのような役割を担うべきか，また大学院のような教育機関と連携してどのようなトレーニングを実施すべきか議論された（Pettit, 2024）。当時この新しい取り組みに関心をもった心理職は自分たちがスタッフとして雇用されることで，医療機関内での補完的な役割を超えて，地域において行動科学や公衆衛生的な観点から人々の精神的健康に貢献できると考えていた。実際に地域で活動する心理職からは，地域精神保健コンサルテーションモデルは，人口の広い層を対象とするうえで実用的かつ効果的であるとの声も聞かれた（Pettit, 2024）。この時期の米国は公民権運動も盛んであり，CMHCは黒人心理学者を中心として学校との連携や地域のリーダーとなる人材の育成など，マイノリティの権利擁護や格差是正といった社会正義の実現に関する取り組みの拠点にもなった（Sue, 1977）。

　また英国では1959年に精神保健法（Mental health act）が制定されて，公的な精神科病院の閉鎖が始まった（Thornicroft & Bebbington, 1989）。1954年の病床数を基準として80%余りが削減された1970年代には心理職が地域に出ていき，ショッピングモールやバスのなかでカウンセリングや相談支援を提供する，ボランティアグループのネットワーク化を促進する，書店を保健・福祉サービスの拠点として活用するなど，コミュニティアプローチが見られるようになり，こうした実践の集積が「コミュニティ心理学」として確立していった。1990年代に学術雑誌が発刊されると社会心理学と接近するようになり，テーマとしては地域におけるウェルビーイングや社会正義の増進が取り上げられるようになった（星野，1996）。

　脱施設化に伴う重症精神障害をもつ人の地域生活支援に端を発した，両国の地域での心理職の取り組みは，米国においては人種，移民，ジェンダー，経済的格差などの社会的課題や関連するメンタルヘルスケアへの取り組み，英国においては障害の有無にかかわらず地域住民が利用可能な拠点であるリカバリーカレッジ（Crowther et al., 2019），オーストラリアにおいてはHead spaceのような地域での若者支援活動（Savaglio et al., 2022）の源流にもなったと考えられる。

2　日本における歴史と展開

　日本のコミュニティ心理学の発展にあたって多大な貢献のあった山本和郎は，脱施設化の進む1960年代の米国留学を経験し，帰国後の1970年代にコミュニティ心理学の研究者グループを形成している。当時，日本における精神障害者の脱施設化とその後の地域生活支援のために心理職が何をなしうるのか，という問いは研究会にとって関心事のひとつであっただろう。他方，1975年から1985年の10年間に研究会で討議された123テーマのうち，「精神障害者への援助」は7テーマ（約6%）に過ぎず（星野，1996），1997年に創刊された『コミュニティ心理学』（日本コミュニティ心理

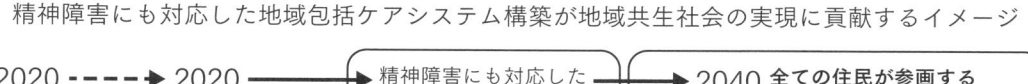

精神障害にも対応した地域包括ケアシステム構築が地域共生社会の実現に貢献するイメージ

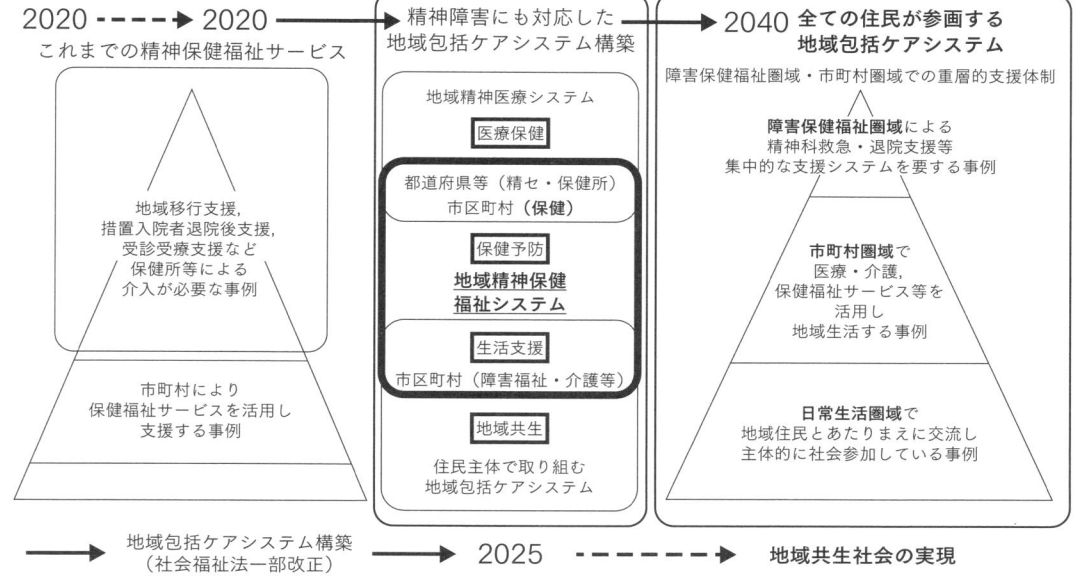

図　地域共生社会の実現に向けた重層的な支援体制

（精神保健福祉相談員講習会　講義資料「科目2 精神保健医療福祉の現状及び課題_講義3「にも包括」構築に向けた自治体の役割1」（https://www.ncnp.go.jp/nimh/chiiki/seminar/pdf/2-3.pdf［2025年3月24日閲覧］））

学会機関誌）の論文キーワードに多く見られるのは「学校コミュニティ」であり，精神保健に関する論文では「ストレス」や「バーンアウト」など，どちらかというと疾患をもたない人々の心理的健康が取り上げられている。もちろんこうしたテーマも，コミュニティ心理学が発展する過程で主要なテーマとして位置づけられてきたものだが，この領域が誕生するきっかけとなった精神障害をもつ人を対象とした地域生活支援への関わりは，取り残されてきたように見える。

　英米と異なるこのような状況が生まれたのは，日本の脱施設化が今まさに始まりつつあるというタイムラグゆえに他ならない。精神障害をもつ人が精神科病院に長期入院し地域にいない状況では，その支援は医療機関内での心理検査や相談業務が中心となり，地域での直接支援とは距離があるものにならざるを得ない。

　その後，我が国でも「精神障害にも対応する地域包括ケアシステム」（以下，「にも包括」）をはじ

めとする地域でのメンタルヘルス支援を念頭においた制度設計が始まっている。このシステムは地域における支援ニーズの程度によって相談の圏域や担当者を層別化し，日常生活圏域でメンタルヘルスを含む生活にまつわるさまざまな相談を気軽に行えるようにすることで，心身の不調やその重症化をできるだけ防ぎ，また心理職を含む専門職という限られた人的リソースをより支援ニーズの大きいケースに集中的に充てることで，可能な限り医療機関入院など特別な環境に移行せず地域生活の継続を支援することを意図している（図）。

　地域で特定の疾患や状態像に限らず住民全体のメンタルヘルスケアを推進していくために，「にも包括」では専門職だけでなく，行政職員やピアサポーターなど幅広い人材の参画が想定されている。こうしたなかで病院の心理療法士とスクールカウンセラーを兼任する，といった領域横断的なスキルをもつ心理職は，障害保健福祉における集中的な支援システムを要する事例への臨床サービ

スの提供や，市町村圏域・日常生活圏域で相談を担当する他職種や非専門職へのコンサルテーションなど，複数の側面で貢献ができるのではないかと思われる。

III 変化を続けるコミュニティのなかで臨床心理学がなすべきこと／できること

脱施設化が始まって10年以上が過ぎた1970年代半ば，アメリカ西部13州のCMHCに勤務する心理職211名を対象として行われた調査では，業務内容とトレーニングのニーズについて報告されている（Bloom & Parad, 1978）。この報告によれば，勤務時間のなかで最も時間が割かれていたのは個人に対するトリートメントであり，次いでアセスメントや家族療法，集団療法の回答が多かった。また最も多く挙げられたトレーニングのニーズは臨床スキルの向上であり，特に家族療法や集団療法に対する関心が高かった。加えて回答者のおよそ1/3は地域住民との協働，機関間の連携，（地域精神保健活動に関する）研究や評価の実施について追加のトレーニングが必要と回答していた。これは，地域においてもまずは個別の心理支援やアセスメント，家族ケアといった心理職にとってスタンダードな支援スキルをしっかり習得しておくことが必要で，その後に地域精神保健活動に特有なスキルを付加的に身につけていく，という流れが想定される結果であり，日本の今後の人材育成に一定の示唆を与えるものと言える。

ただ，先述した「にも包括」構想を踏まえると，コンサルテーションに関するスキル向上の仕組みは当時の米国以上に求められるかもしれない。これまで日本の臨床心理学領域ではコンサルテーションについて体系的な教育が行われてこなかったように思うが，将来的には，地域で自身の専門性を踏まえた直接支援を行いつつも，他職種や非専門職に対して広く助言したり相談を受けたりできる心理職が求められると予想する。

また英米では国や自治体の予算が徐々に削減されたために，地域精神保健活動に一度は関心を示

しながらも，やがてそれを放棄していく心理職が多くいたという。こうした実例から学び，同じことを繰り返さないためには，地域精神保健活動への心理職の関与に関するエビデンスを示していく必要があるだろう。

筆者はこれまで地域生活支援に関する情報を発信するなかで，医療機関に所属する心理職から，理念には共感しつつも制度の伴わない状態で地域にコミットすることの難しさを伝えられる機会が多くあった。現行の診療報酬では，例えばアウトリーチなどについて所属機関から理解を求めづらい。他方，医療機関内で可能なこととして，支援のゴールに社会的要因を意識することが挙げられよう。例えば，デイケアでソーシャルスキルトレーニングを提供する際に，参加者がそのスキルを使う社会的場面をもっているかどうか意識しているだろうか。自宅とデイケアを往復しているだけの人であるなら，まずはソーシャルスキルを使う場所を探すことが先かもしれない。認知症をもつ親のケアホーム探しに行きづらさを感じている，うつ病をもつ人のカウンセリングで認知療法だけを行い，"親御さんのことについてはケアマネージャーに相談してください"とだけ伝えていないだろうか。逆に，抑うつ感が強くて自分から能動的に動けないクライアントとケアマネージャーとの橋渡しを優先するような場面もあるかもしれない。こうした支援は医療機関のなかで行われていても，地域にコミットしている支援だと筆者は考えている。

日本が地域精神保健推進の先進国として追いつこうとしてきた国々も，Bachrach（1976）の定義する脱施設化に成功したわけではなく，生じた課題を克服するための不断の努力が今日に至るまで続いてきた。だからこそ，今後「にも包括」をプラットフォームとする地域ケア時代を迎える日本がこれらの国に学ぶことは多い。医療，保健，福祉といった制度の隙間に落ちてしまう当事者を生み出さないシステムを日本が作れるかどうか，またそのシステムに英米の心理職がなしえなかった

効果的なコミットができるかどうか，これからの私たちの取り組みにかかっている。

IV　特集にあたって

本特集は以下のような構成になっている。

「1－地域精神保健福祉の歩き方」では，この20年ほどの間に地域で起こった変化や心理職に求められる支援について概観する。学術的側面や人材育成，行政における位置づけなどについて，この領域でリーダーシップをとる笠井清登氏と藤井千代氏にインタビューを行った。また地域支援の土台として体系化されているケースマネジメントについての歴史や展望が解説されている。医療だけでなく，福祉や教育の場でも「ケースマネジメント」「ケアマネジメント」という言葉はよく聞かれるようになったが，心理職が体系的に学ぶ機会はこれまでになかったように思う。国内外における歴史的経緯と日本において今度どのような発展が見込まれているのか紹介する。

「2－『こんな心理職と働きたい！』──多職種のニーズとメッセージ」では，心理職を含む多職種支援を他職種の視点からご報告いただく。執筆者が携わる支援の現在地の紹介であるとともに，協働する他職種の視点から，地域支援を行う際に心理職に期待することや要望なども含まれている。

「3－事例で読み解く地域精神保健福祉①──連携のバイプレイヤーたちの物語」では，前セクションと同様に地域での多職種支援について心理職の立場からご報告いただく。臨床心理学領域でも「多職種支援」が意識されるようになってきているが，定義があいまいな部分があるように思う。加えて，心理職には伝統的に「連携よりもリファー」という文化があり，"必要なときには他職種，他機関と連絡を取りながら支援している，これまで行ってきた臨床とどこが違うのか？"という疑問もあるかもしれない。本セクションでは「多職種支援」を「支援のゴールを他職種と共有している」「時系列的に他職種の支援と並行して提供されている」「定期的な情報共有を行っている」支援

として執筆いただいている。

「4－事例で読み解く地域精神保健福祉②──連携のコアプレイヤーたちの格闘」では，先進的な事例についてご寄稿いただいた。古くから多職種連携，地域支援に熱心な医療機関／支援機関で展開される（つまり，かなり特殊な環境下で実施されている）心理職中心のケースマネジメントに関する事例が報告される。スタンダードな支援環境で仕事をする心理職にとってやや敷居が高いと感じられる実践かもしれないが，制約のある環境でも実践できる臨床上の工夫やヒントもあわせて紹介されており，ぜひ日々の臨床の参考にしていただきたい。

＊

現状ではまだまだ地域支援や支援システムに関する話題は心理職にとってはなじみの薄い領域かもしれないが，本特集が関心を呼び起こすきっかけになることを願っている。

●文献

Bachrach L (1976) Deinstitionalism : An Analytical Review and Sociological Perspective. Maryland : NIMH.

Bloom BL & Parad HJ (1978) The psychologist in the community mental health center : An analysis of activities and training needs. American Journal of Community Psychology 6-4 ; 371-379.

Crowther A, Taylor A, Toney R et al. (2019) The impact of Recovery Colleges on mental health staff, services and society. Epidemiology and Psychiatric Sciences 28-5 ; 481-488.

星野命 (1996) コミュニティ心理学の現在とメンタルヘルス．こころの健康 11-1 ; 3-14.

Liberman RP (1995) Social and Independent Living Skills : The Community Re-Entry Program. Camarillo : Psychiatric Rehabilitation Consultants.

Pettit M (2024) The racial economy of psychological care : Professionalism, social justice, and political action during american psychology's communitarian moment. History of Psychology 27-3 ; 203-226.

Reddy F, Spaulding WD, Jansen MA et al. (2010) Psychologists' roles and opportunities in rehabilitation and recovery for serious mental illness : A survey of Council of University Directors of Clinical Psychology (CUDCP)

clinical psychology training and doctoral education. Training and Education in Professional Psychology 4 ; 254-263.

佐藤さやか（2019）アウトリーチ（訪問）支援における CBTp―不安感からくる生活上の困難をもつケースへの支援. In：石垣琢麿, 菊池安希子, 松本和紀 ほか 編著：事例で学ぶ統合失調症のための認知行動療法. 金剛出版, pp.283-296.

Sato S, Ikebuchi E, Anzai N et al. (2012) Effects of psychosocial program for preparing long-term hospitalized patients with schizophrenia for discharge from hospital : Randomized controlled trial. Psychiatry and Clinical Neurosciences 66-6 ; 474-481.

Savaglio M, O'Donnell R, Hatzikiriakidis K et al. (2022) The impact of community mental health programs for Australian youth : A systematic review. Clinical Child and Family Psychology Review 25-3 ; 573-590.

Sue S (1977) Community mental health services to minority groups : Some optimism, some pessimism. American Psychologist 32-8 ; 616-624.

Thornicroft G & Bebbington P (1989) Deinstitutionalisation : From hospital closure to service development. British journal of Psychiatry 155 ; 739-753.

Yamaguchi S, Sato S, Horio N et al. (2017) Cost-effectiveness of cognitive remediation and supported employment for people with mental illness : A randomized controlled trial. Psychological Medicine 47 ; 53-65.

1 地域精神保健福祉の歩き方

座談会｜**地域精神保健福祉は今?**

スペシャリストにしてジェネラリストであるために

笠井清登 Kiyoto Kasai
東京大学医学部附属病院精神神経科

藤井千代 Chiyo Fujii
国立精神・神経医療センター
精神保健研究所
地域精神保健・法制度研究部

[聴き手] **佐藤さやか** Sayaka Sato
国立精神・神経医療センター
精神保健研究所
地域精神保健・法制度研究部

I 経験しながら少しずつ考えを仕上げてゆくこと

佐藤 若年層のいじめや不登校，勤労者のうつ，家庭内での虐待，ひきこもりなどメンタルヘルスも関連する地域社会での問題が連日報道されています。他方，公的な枠組みのなかでは，地域共生社会を実現するためのプラットフォームとして「精神障害にも対応する地域包括ケアシステム」の仕組みづくりが進んでいます。このように地域精神保健に関する取り組みが進むなかで，公認心理師をはじめとする心理職は何ができるか――これが本特集を貫く問題意識です。この座談会では笠井清登先生と藤井千代先生をお迎えして，心理職への期待や要望や課題を巡るご意見を伺っていきたいと考えています。

　まずは本特集企画の参照枠のひとつでもある，東京大学履修証明プログラム「職域・地域架橋型－価値に基づく支援者育成」，いわゆるTICPOCについて笠井先生にお伺いしていきます。トラウマインフォームドケア（Trauma-Informed Care），共同創造（Co-Production），組織変革（Organizational Change）という3つの価値に基づく支援者育成を目的に掲げたTICPOCでは，「社会モデル」概念が特に重視されています[注1]。生物学に依拠した医療モデルから社会モデルへの「転回」は，どのようにして構想されたものだったのでしょうか？

笠井 これまでもいろいろなところで書いているように，臨床家や研究者があらかじめ特定の「主義（ism）」に従って計画的に仕事を進めることは，実際にはさほど多くないと思います。私自身のキャリアを振り返ってみても，その時々の外界の環境や認識，そして自分の置かれた状況を踏まえて，生物学的研究の道に進もうと決意したところがあります。ですから，生物学的研究からキャリアが始まって，心理モデルに気づき，次に社会モデルに注目するようになり……というようにリニアに変遷したわけではないんですね。もともと私自身にあった志向性や経験が織り合わされて，それまで明確には気づかずにきたことが徐々に気づかれるようになり，ゆっくり言語化されて腑に落ちていった，というのが正確なところです。

佐藤 2006年にパトリック・マクゴリーの論文[注2]が発表されて以来，日本でも岡崎祐士先生を研究代表とする厚労科研で思春期・若者支援研究[注3]が2007年から立ち上がり，笠井先生も研究に関わっていらっしゃいます。その後も東日本大震災後の災害支援に深くコミットされ，社会モデルを実装する活動を積極的に推進されているようにお見受けいたします。

笠井 節目や転機は後から振り返って気づくもので，自分の人生経験を整理して捉えるのは難しいのですが……先日，逝去された岡崎祐士先生を振

り返る集いがあり，それに際していろいろと考えるところがありました。2006年に岡崎先生が松沢病院院長に就任され，私のように東京で働いている大学の後輩にご指導くださる機会が増えたのは，やはり大きな出来事でした。

ただ，それが私にとって「ゼロポイント」だったかというと，実はそうとも言い切れないんですね。東大精神科医局は「分裂」の時代が長かったのですが，私は双方から多くを学んできました。

一方の立場は，患者さんをできるだけ長期入院させないため，外来診療を活用しながら再発を防ぐことを大切にして，そこから「生活臨床」の取り組みも生まれていきます[注4]。東大病院では「デイホスピタル」と呼ばれるデイケア実践を通じて，多職種協働やアウトリーチ型の訪問支援を試み，面談も一対一だけではなく集団で行うこともありました。集団精神療法もあれば，一人の当事者に医師・看護師・心理士が面談するケース，さらに当事者同士のグループもありました。当たり前のようにそういったことが試みられる環境で，私は研修医として多くを学んできたわけです。

もう一方の人々は真の意味で反精神医学と言うべき立場でしたが，私は等しく多くの教えを受けてきました。研修医時代から家庭訪問が当然で，たとえば入院中の患者さんの自宅に訪問して散らかった部屋を代わりに整理したり，テレビから電波が飛んできて幻聴が聞こえるという訴えがあればテレビを消しに訪問することもありました。こういった研修医時代の指導や経験の意味に気づきはじめたのも，岡崎先生のご指導あってのことです。

アウトリーチ型支援の本質は「生活とは何か」という問いに立ちかえることで見えてきます。臺弘先生による「生活臨床」の精神は，生活を「科学」として捉えようとする形で，東大精神科医局の後進に受け継がれてきました。ではなぜ生活をそれほど大切と考えるのか。入院生活は本当の意味での生活ではなく，地域での暮らしこそが重要であるということです。この本質は，後に若者支援やアウトリーチ型支援，そして災害支援にも活かされることになりました。これらの試みの意義が自然と理解できるようになった素地は，研修医時代からの教えによって培われていたのでしょうね。

こんなふうにして研修医時代のケースが思い出され，思春期の若者はどういう存在で，その年代のケースと関わる自分との関係性はどういうものか，そして支援者としての自分はどのような存在として映るのかと考えが深まって，その後の臨床にも活かされていく……プロスペクティブに見ればそんなプロセスがありました。社会モデルというパラダイムが後から突如移植されたのではなく，時間をかけて胚胎されていたものが少しずつ形を帯びていったのでしょうね。

Ⅱ　組織変革は仲間と共に

佐藤　歴史ある東大精神科医学教育の一端を見る思いがしますし，ダイバーシティやインクルージョンを掲げる現在の医学教育[注5]がその延長線上にあることもよくわかります。東大精神科が先駆的に展開している共同創造やダイバーシティ＆インクルージョン（D&I）といった理念が，たとえば地方精神科医療や地域精神保健福祉の現場でも実践されていくためには，どのような工夫が求められるのでしょうか？

笠井　現在，私は新たなモデルや理念の提案を期待される組織にいて，賛同してくれる人はもちろんいますが，斜に構えて見られることも少なくありません。組織変革には抵抗がつきもので，こういった組織心理学の常識も踏まえながら新たな取り組みを推進することになります。組織変革には「追い風」と「向かい風」があって，片方だけが吹く時期も，両方とも吹いてくる時期もあるということでしょう。

新たな主張をすると教条のように受け取られていくリスクもありますから，そこはやんわりと制しながら，バランスよく新たな考えを示していく。そのためには仲間作りも大切で，気の合う同士で

集うより，価値観の違いが前提にある同士が共通理念の下で合意していくプロセスこそ重要です。「この指止まれ」とばかりに教条主義的に主張するだけでは，既存の方法で取り組んでいる方には脅威になりかねないですし，場合によってはバックラッシュにも発展しかねないですから。東京大学先端科学技術研究センターの熊谷晋一郎さんという，身をもって共同創造を経験しながら普及している方と協働できたことは，私にとっても大きな意味があります。

さらに組織変革の必須要素として，ピアスタッフ，ピアサポートワーカー，当事者といった立場の方が人数として多く含まれていることも不可欠です。これは私の経験則でもありますし，英国でコプロダクションを推進する「Imroc」[注6]のメンバーから学んだことでもあります。活動を象徴するリーダーが一人いれば組織変革が進むわけでは決してないんですね。

佐藤 当事者参画も教条主義のように広まってしまっては本末転倒ですね……

笠井 そうですね，「患者・市民参加（Patient and Public Involvement : PPI）」という考え方も，研究費申請や論文発表時の倫理要件として導入されるばかりでは本来の理念が失われてしまいます。当事者の権利があまりに軽視されてきた状況を是正するため，当初はあえて形式的手続きが求められるのは当然です。ですが，「なぜその方法や手続きが重要なのか」という問いがなければ形骸化していくでしょう。遵守が義務化されると研究者の負担になるだけでなく，最も苦しくなるのは巻き込まれてしまう当事者です。

良質の共同創造が生まれるためには，ある取り組みや実践がどのような理念に支えられ，そしてどのような意義があるのか，ある種の「科学性」が求められる。これは，生活を「科学」として捉えようとした「生活臨床」の理念にも共通するところでしょう。

III　精神分析の「活用法」

佐藤 TICPOCの「職域架橋型コース」の講義内容は，藤山直樹先生との共編著『こころを使うということ』[注7]として刊行されていて，精神分析への多角的アプローチが印象的でした。松木邦裕先生の論考「力動的視点によるチーム支援の有効化」[注8]には，ACT（Assertive Community Treatment）を展開するクリニックの記述があり，村井俊哉先生の論考「臨床心理学における教条・折衷主義から多元主義へ」[注9]では，精神分析理論を原法通りに活用するというより，特に治療関係の視点から，精神科医として参照すべきひとつの理論と位置づけられています。今後コミュニティ・メンタルヘルスケアが普及していく地域で，精神分析／力動的視点をどのように活用することができるでしょうか？

笠井 私は教育分析を受けたこともなく，精神分析はもちろん精神分析的心理療法と呼ばれる週1回面接の経験すらありませんので，精神分析を語る資格はないのですが，私の立場は村井先生と非常に近いところにあります。つまり，特殊なセッティングで精神分析を活用するというより，人間の行動には言語化されない部分があって，目には見えない関係が相対する人たちに影響を与えうる，そしてそれらが人間の思考・行動・情緒に含まれているという前提を支援に活かすものです。平たく言えば，精神分析の考え方を非−精神分析場面に活かす立場ですね。

診察室や入院環境は，家族や近親者と切り離された，実生活とは異なる場面です。一方，アウトリーチ形式で地域や家庭にうかがうことは，家族関係という親密圏に入り込むことを意味します。力動的視点が役立つのはまさにこの時です。家族内での目に見えない価値の伝達，構成員間の対立関係といった動きにインフォームドでなければ有効な支援は難しい。地域支援だからこそ力動的視点は重要で，ACTチームをもつクリニックを松木先生がサポートされていることも，私にとっては

全く意外ではないんです。

力動的視点は立場が異なる支援者集団においても有効です。たとえば総合病院には精神科だけでなくさまざまな診療科があり，それぞれに多職種スタッフが働いていて，複雑な人間関係の集団力動もアセスメントしなければ，良質な支援にはつながらないですから。

佐藤　当事者・家族が言語化していない部分をアセスメントできるところが，力動的視点の活用ポイントとお考えになられているわけですね。

笠井　ええ，そうなりますね。精神分析の活用と聞くと，支援対象者や家族関係のすべてを言葉にしていくイメージが浮かぶかもしれませんが，そこまで高強度のものではなく，類推を使って表現するなら，トラウマに特化したケアに対する「トラウマインフォームドケア」に近いスタンスでしょうか。

実際，言語化されざるものをどこまで言葉にして当事者・家族と共有するのかは，現実の枠組みもありますから，それを踏まえて最適解が決まってくるでしょう。逆に，力動的理解のなかであえて共有しない部分を設定すると，当事者・家族とのあいだに勾配が生じることにも，わたしたち支援者は自覚的であるべきです。情報と理解をどこまでどのように共有していくかは，そのたびごとに科される課題とも言えるでしょう。

Ⅳ　スペシャルでジェネラルな臨床家

佐藤　力動的視点の活用に加えて，地域で働く心理職にはどのようなことを期待されているでしょうか？

笠井　これは語るのが難しいですね……とはいえ改めて考えますと，医師もみずから「医師／精神科医とはいかなる存在であるべきか」という問いに立ちかえるように，心理職の方にも「心理職とはどのような存在か」「心の支援や関係の支援とは何か」という原点に立ちかえって考えつづけてほしいと思います。これは一方的な要望ではなく，共に考えていくことへの誘(いざな)いでもあります。

精神保健福祉士であれば，支援関係のなかに人権を脅かす障壁やディスアビリティ（disability）がないかを検分し，当のディスアビリティは本人側ではなく社会の側に帰することを明確にして，時に異議を申し立てる役割があります。こんなふうに職種ごとの職能に基づく理解や知見を多職種間で共有しながら合意し，それぞれの専門職がトレーニングしていくのが理想ですね。

藤井　心理職に限らず地域で活動する専門職が陥りやすい困難のひとつは，地域支援では「ジェネラリスト」として活動する比重が大きくなって，自分の専門性が見えにくくなることではないでしょうか。心理職の方々が専門性を追求して支援に還元しようとする一方で，「こんなことまで担当するのか？」と当惑するくらいジェネラルな部分を求められるのが地域支援です。医師の場合，診断と処方を拠り所にする人もいるかもしれませんが，基本的に事情は変わりません。

ですが，ジェネラリストの部分とスペシャリストの部分，その双方を期待されるのもまた地域支援の面白さです。心理職に限らず専門職すべてがスペシャリストとしてのアイデンティティを保ちながら自分の専門性を活かし，同時にジェネラリストとしてチームで活動すること——ジェネラリストの部分とスペシャリストの部分の両立は，やりがいがある一方，方法論としては示しにくくて難しい課題ですね。

私としては心理職に期待するところが大いにありますが，こちらから期待するだけでは少々おこがましい気もします。他職種の期待に応じるのはもちろん，自分たちの専門性がいかに活かせるかを心理職サイドからアピールしてほしいとも思うんです。チームでの強みを示してもらえれば，他職種もそれに気づかされ，双方が強みを共有してチームビルディングができる。そのためにも，専門職である前に一人の個人として自分の強みを率直に語り合える関係構築こそが大切で，この相互信頼があってはじめて良質のチームをつくっていける。

佐藤 そうしますと，地域支援に取り組む前に，トレーニングを積んで自分の強みを形にしておくことが前提になるでしょうか？

藤井 もちろんそれは望ましいけれど，ベテランにならなければ地域支援に参画できないわけではありません。学部教育やそれまでの実践で培ってきた強みがあるはずですから。今の自分にできることを把握し，地域で活動しながら期待とニーズをキャッチしていけば，トレーニングを通じて強みを伸ばしていくのはそれからでも遅くないと思います。

それに地域支援に参画したら専門性の成熟が止まってしまうとしたらもったいない話で，地域支援を通じて新たな幅広い視点を身につけながら，心理職として活かせる専門性に気づき，もし不足があればトレーニングで補填していく……こんなふうにチーム内で成長し合えるような支援の仕方も大切でしょうね。

笠井 今の話題にも関連して，実はこの座談会で紹介したい本があって，精神科医の石川義博先生がソーシャルワーカーの青木四郎先生と書かれた『思春期危機と家族』[注10] という本です。力動的視点を活かしてアウトリーチで家庭内に入り，不登校の子が父母への家庭内暴力をくりかえしている家族を支援するシングルケースが，極めて生々しく記録された一冊です。きっと今ではちょっとつくれない本でしょうね。登場するのは医師とソーシャルワーカーですが，ソーシャルワーカーが提供する力動的支援と，それをバックアップするベテラン精神科医，いわば二職種協働の実践は心理職の方々にとっても参考になるでしょう。

そしてこの本のポイントは，家族とソーシャルワーカーのあいだ，その唯一無二の関係のなかで生まれた力動が，赤裸々に描かれていることです。関与したのが別の支援者だったら，おそらく全く別の関係性や展開が生じていたでしょう。家庭に分け入る支援者と家族のあいだで生じる個別性の高い特異な力動は，現場でひとたび経験さえすれば実感できるかもしれません。詳細な事例描写の

公開自体が難しいこの時代に，心理職の方が地域支援でいかに働くかを考えるための参照点のひとつだと思います[注11]。

佐藤 地域精神保健福祉において心理職はどうあるべきか，きっと先達の他職種から学べることが多くあるはずですね。

笠井 これからの地域精神保健福祉は「だいじょうぶな社会」というフレーズに象徴される段階に入りつつあります。ちなみにこれは，家族会「みんなネット」の岡田久美子代表による言葉で，日本統合失調症学会が監修した『統合失調症』[注12] にも寄せてくださった，私が今も深く胸に刻んでいるメッセージです。

医学モデルや心理モデルを突き詰めると，ある疾患や問題が生じないようにする狭義の予防モデルに行き着く。ただ，社会がマジョリティに合わせて設計されているとすれば，優先すべき予防のターゲットは，社会構造・文化・環境とのあいだに生まれるディスアビリティの方ではないかと思えてきます。マジョリティ仕様の社会で生まれたディスアビリティが解消されていけば，精神疾患も生じにくくなるかもしれません。狭義の医学・心理学モデルによる予防や早期介入も大切ですが，マイノリティ特性があってもディスアビリティが生じない「だいじょうぶな社会」，あるいは「こころの健康社会」を，当事者と共に目指すことが先決ではないでしょうか[注13]。

Ⅴ　支援者の多層性のなかで

佐藤 ここからは，今後の地域精神保健福祉における心理職の働き方について藤井先生に伺っていきます。支援者が多層的に構想された「にも包括」では，とりわけ中間層を厚くすることが目標に掲げられています。ただ，ひょっとすると心理職のなかには，自分たちの仕事が少なくなると懸念している方もいるかもしれず……

藤井 支援者の多層性について少しだけ解説してから質問にお答えしましょう。まず「にも包括」では，スペシャリストの心理職は上位層に位置づけ

られ，精神医学や心理学を必ずしも専門としない，一般的なメンタルヘルスケアを提供する人たちが中間層として想定されています。具体的には，精神科医，心理職，精神保健福祉士，精神科専門看護師が上位層で，行政機関で支援計画運営やコーディネート役割を担う精神保健福祉相談員の一部も含まれます。そして中間層は，専門課程を修めてはいないけれど，地域で求められる初期対応や一定水準のケアができる人が想定されているわけですね（本特集・佐藤論文・図参照）。

　精神医学や心理学のベーシックな知識を中間層に広げてファーストエイドができるようにすることが「にも包括」の基本理念ですから，心理職の座は脅かされるどころか，これまでのスペシャリストとしての活動に加え，中間層に専門知識や専門スキルを伝えていく役割も増えていくはずです。その分，メンタルヘルス・リテラシーを向上させられる人，全体を俯瞰しつつ自分の専門性を活かせる人，自分がもつ知識・スキルを伝達できる人が求められていて，これまで想定されていたスペシャリストの条件に新たな要素が加わっていますから，自分の専門領域の仕事だけで完結しなくなるかもしれません。

　精神医療領域のみならず医療および生活支援全般で，これまで以上に心理職が求められる時代が来るでしょう。ヘルスケア全般が良い方向へ進むためにも，コーディネートやマネジメントも担当できる，より幅広い視点をもったスペシャリストが少しでも多く育つといいですね。

佐藤　専門性も活かしながら中間層をバックアップできれば，たしかに心理職も地域で活躍できそうです。

藤井　バックアップに徹するのではなく，一緒に動く形だってありえますよね。人は表面に見えたものだけを捉えがちですが，実は言語化されていない部分も見る必要があって，そのためにも深い関係をつくって，科学の目をもってアプローチする局面も訪れます。さらにクライエントに踏み込んでいいタイミングか，実際どのようなアプローチ

が効果的か，アプローチは自分だけで担当するのか，はたまた他職種と連携する方がいいのか……心理職のアセスメント力が問われる瞬間でしょう。

VI　ほどよい距離・ゆるやかな連携

佐藤　先ほど笠井先生が，もともとの志向性や経験が徐々に形を成していったプロセスを語ってくださったように，藤井先生にもキャリア初期の経験に胚胎されていたものが現在の仕事に収斂したところがありましたか？

藤井　私の場合は学生時代から地域ケアに興味があって，当時は専攻を精神科に限定していませんでした。地域で暮らす人たちの困りごと・生きづらさ・健康問題に医療が手助けできること，なかでもプライマリーケアには強い関心がありました。ところが，いざ地域に入り込んでみると，生活の一端に触れる機会はあっても，学生だから医学の専門知識はない。それでも徒手空拳のなかで生活者と向き合いながら健康問題を考えていく──それが私の原点で，精神医学の重要性を実感したのもあの頃の経験が大きかったですね。

　医師になってからは医学研修を受けて医学モデルに染まっていく時期も経験しましたが，今から振り返るとあの時期も大切でした。ただ，ある意味でそれ以上に重要なのは，そこからもう一度地域に戻り，専門知を深く学んだからこそ見えてくる自分の位置や役割を見つめ直すことでしょう。

　ベースは生活者で，医学にできることはわずかですが，それでも医学がクリティカルな部分を担っているのも事実です。医学の領分の重みを自覚しながら，同時にそれが地域で暮らす人たちの生活の一部にすぎないという自覚も必要で，これは医師の経験を積んでから地域に入るなかで感覚的にわかってきたことでもあります。このように基調音を成す理解に，精神科医同士の意見交換，当事者活動，海外の実践・研究から学んだことを補塡したわけです。

佐藤　すでにひとりで「にも包括」を実践されていたんですね！

藤井　そんな大層なものじゃないですよ（笑）。ただ，医学はあくまで生活の一部をケアするだけで，医学が生活を壊すものであってはならないと，つねに自戒していました。医学は一時的にうまく使ってもらう場合も多いし，人によっては長く付き合うものでもあります。つかずはなれずのほどよい距離で，侵襲性なく関わり，いざという時に頼りになるのが地域医療の役割ですから。

佐藤　地域支援では医師，看護師，保健師や精神保健福祉士など多様な専門職種が協働するなか，心理専門職はみずからのスタンスをどう確立していったらいいでしょうか？

藤井　そんなに難しく考えなくてもいいのかもしれません。多職種チームに属している専門職種間に立場の違いはありますが，それは上下関係ではないわけだから，あくまで役割の違いと考えてみてはどうでしょう？　たとえば地域医療の場で医師が最終責任を負うのも，あくまで役割分担のひとつですよね。ピアサポーターが当事者としての経験を活かして支援チームに加わることもありますが，その立場と経験があるからこそ見えること，言えることがあるのは確かで，それを尊重し，受けとめていく柔軟な姿勢を保つことが大切です。

　少し気を付けたほうがいいのは，「平等性」を強調しすぎることで，チームの機能に混乱が生じてしまう懸念があることです。

　ピアの方の参加が支援の質を高め，専門職自身の学びにもつながることは多いのですが，だからといって専門職とまったく同じ権限や責任を担っていただくわけにはいきません。心理職としてチームのなかで専門性を発揮しながら，対等な関係性を育て，チーム全体の相互理解と安心感の土台をつくっていくことが大切ではないでしょうか。

佐藤　制度も変わりつつある過渡期の今は，目的と役割分担を明確にした連携がますます重要になってきそうです。

藤井　その通りです。そもそも限られたスタッフで地域のすべてを担えるはずもなく，ジェネラリストとして地域支援に従事する人も，医学モデルに集中してニッチな研究に従事するスペシャリストも必要です。支援チーム内で目的を共有して，スタッフの専門に応じて役割をシェアしていくことが，地域でよりよく働くための秘訣かもしれませんね。

●備考
2025年3月21日／Zoomにて収録／構成＝編集部

●注
1——東京大学履修証明プログラム「職域・地域架橋型－価値に基づく支援者育成」についてはウェブサイト（https://co-production-training.net/）を，またTICPOCと社会モデルの関係については以下を参照——笠井清登 責任編集，熊谷晋一郎，宮本有紀，東畑開人，熊倉陽介 編著（2023）こころの支援と社会モデル—トラウマインフォームドケア・組織変革・共同創造．金剛出版．
2——McGorry PD, Hickie IB, Yung AR et al.（2006）Clinical staging of psychiatric disorders : A heuristic framework for choosing earlier, safer and more effective interventions. Australian & New Zealand Journal of Psychiatry 40-8 ; 616-622.
3——厚生労働省（2007-2009）思春期精神病理の疫学と精神疾患の早期介入方策に関する研究（研究代表者：岡崎祐士）（https://mhlw-grants.niph.go.jp/project/14334［2025年3月21日閲覧］）．
4——臺弘 編（1978）分裂病の生活臨床．創造出版．
5——里村嘉弘，金原明子，大久保紗佳ほか（2024）東京大学医学部におけるダイバーシティ，インクルージョン，コ・プロダクションの学部教育．医学教育 55-2；121-127.
6——Imroc（イムロック）は，"Implementing Recovery through Organizational Change"（組織変革によるリカバリー実践）を標榜し，英国NHS（National Health Service：国民保健サービス）トラストや地方自治体の組織変革を目指す当事者主導組織．詳細はウェブサイト（https://www.imroc.org/）を参照のこと．
7——藤山直樹，笠井清登 編著（2020）こころを使うということ—今求められる心理職のアイデンティティ．岩崎学術出版社．
8——松木邦裕（2020）力動的視点によるチーム支援の有効化．In：藤山直樹，笠井清登 編著：こころを使うということ—今求められる心理職のアイデンティティ．岩崎学術出版社．
9——村井俊哉（2020）臨床心理学における教条・折衷主義から多元主義へ．In：藤山直樹，笠井清登 編著：こころを使うということ—今求められる心理職のアイデ

ンティティ．岩崎学術出版社．

10——石川義博，青木四郎（1986）思春期危機と家族—登校拒否・家庭内暴力のチーム治療．岩崎学術出版社［改訂版＝2003］．

11——1968年に4人を射殺した永山則夫の精神鑑定を担当した石川義博医師は，「力動的精神療法を用いた精神鑑定」により，永山が「信頼関係を基に心を開き，幼時からのほとんどすべての体験を思い出て正直に詳しく」語り，「犯罪の本当の原因や犯行に至る経緯」を明かすだけに留まらず，「犯罪者本人にその犯罪の実態を意味を洞察させ，犯罪の悪を痛感させ，被害者の家族への贖罪の心も芽生えさせ」，「人間的にも成長するきっかけを得た」とする（石川義博（2019）力動的な精神鑑定—永山則夫との日々．精神療法 45-4；81-84）。鑑定書と石川義博医師へのインタビューに依拠した堀川惠子のドキュメントは，治療的とも言うべきその精神鑑定の内実を詳細に伝えている（堀川惠子（2013）永山則夫—封印された鑑定記録．岩波書店［文庫版＝2017／講談社］）。

12——日本統合失調症学会 監修，福田正人，糸川昌成，村井俊哉，笠井清登 編（2013）統合失調症．医学書院．

13——笠井清登（2023）予防精神医学の回復—だいじょうぶな社会に向けて．予防精神医学 8-1；2-8.

1 地域精神保健福祉の歩き方

これだけは知っておきたい 地域精神保健の歴史と今後の方向性

山口創生 Sosei Yamaguchi

国立精神・神経医療研究センター 精神保健研究所 地域精神保健・法制度研究部

I はじめに

地域精神保健の今後の方向性について考察する際には，歴史的経緯を振り返ることが極めて重要な作業である。なぜなら，心理職を含む専門職による支援は，時として当事者の生活を豊かにする援助を行ってきた一方で，目を背けることが許されない負の歴史も有しており，また地域精神保健の対象が拡大するなかで，見落とされる当事者や制度の隙間に取り残される当事者が存在するからである。本稿は，地域精神保健の歴史について，まず①欧米を中心とした国際的文脈を概観し，その上で②日本の文脈と今後の方向性を整理することを目的とする。

II 地域精神保健はなぜ始まったのか？

地域精神保健の歴史が本格的に始まるのは，1960年代頃からである。なお，保健師やソーシャルワーカーによる活動は，1900年頃から取り組まれている（山口・吉田，2024）。心理職による支援も1960年以前から行われているが，"community psychology"（地域心理学）という言葉が用いられるようになったのは，1965年の心理専門職による会議（Swampscott Conference）以降とされている（Toro, 2019）。1960年代に「地域」が注目されるようになった背景には何があったのか？　そ

の答えは，社会運動による当事者の権利の向上と脱施設化の促進である（Thornicroft et al., 2011）。英国を例にとると，精神保健・精神科医療の歴史は13世紀の修道院活動に遡ることができるが，14世紀以降は入院治療および施設収容ケアが中心となった（Killaspy, 2006）。1950年代から1960年代にかけて大規模病院の閉鎖と脱施設化が始まり，1970年代には当事者運動と地域ケアが本格化し，地域精神保健の体制が整備されていった（Killaspy, 2006）。すなわち，地域心理学の活動も含めた地域精神保健の出発点は，精神科病院から退院した当事者が地域において安全かつ安定した生活を営むための支援にある（Toro, 2019）。

他方，このパラダイムシフトが生じる以前の精神科ケアや精神保健実践においては，長期入院のみならず，ロボトミー手術や家族病因論に基づく支援など，エビデンスに乏しい介入が当事者の人権および生命を蝕んできたという事実も存在する（Thornicroft & Tansella, 2009）。すなわち，地域精神保健は，専門職による支援の負の歴史と当事者による社会運動の歴史の上に成り立っている。

III 地域精神保健の発展の時代

1970年代から1990年代は，地域精神保健が著しく発展した時代である。その背景として，脱施設化に伴い地域で生活を営む当事者が増加した一

方で，再入院を繰り返す者が多かった（いわゆる回転ドア現象）ことや，住居や就労など当事者の社会的ニーズが増大したことが挙げられる。また，この時代は，各種の社会運動により人権意識が向上し，当事者が効果的な実践を受けると同時に，自身が受ける治療や支援について知る権利を獲得した時期である。さらに，医療保健領域全体にインフォームド・コンセントが取り入れられた時期でもある（山口ほか，2018）。インフォームド・コンセントの普及に伴い，地域精神保健実践においても効果に関する根拠が求められるようになり，根拠に基づく実践（Evidence-Based Practice［EBP］あるいはEvidence-Informed Practice［EIP］）が急速に発展した。今日においても，症状および機能の改善，再入院・再発の防止，就労などに効果的な実践として認識される，集中的ケースマネジメント，Assertive Community Treatment（ACT），家族心理教育，認知行動療法，援助付き雇用およびIndividual Placement and Support（IPS）などのEBP/EIPは，すべてこの時代に考案・発展した実践モデルである（Dixon et al., 2010）。

　この時代に開発された実践モデルの多くに共通する支援要素は，多職種チームによる個別支援およびアウトリーチ支援である（山口・塩澤ほか，2023）。また，家族心理教育やIPSに代表されるように，当事者のみならず周囲の人々に働きかけるアプローチも特徴的な支援要素となっている（山口・塩澤ほか，2023）。すなわち，デイケアなどの事業所において，スタッフが待機し通所する当事者を対象として行われる集団支援スタイルから，個々のニーズに応じた個別支援や，スタッフが当事者の生活圏に赴いて当事者およびその周囲の人々に支援を届けるスタイルへと，主流の支援スタイルが変化した。EBP/EIPについては，エビデンスのみが優先されるものと誤解されたり，国や地域によっては実装が困難であることから批判の対象となったりする場合もある。しかしながら，EBP/EIPは，過去の実践の反省と当事者の人権および利益を守るという倫理・原則に基づいて発展した実践でもある。

Ⅳ　当事者との共同の時代

　2000年代以降の地域精神保健においては，当事者視点のリカバリー（以下，パーソナル・リカバリー）が大きな潮流となっている。筆者は個人的にパーソナル・リカバリーを，「それぞれの当事者が自身の望む生活に向かって，自らの足で歩んでいく，その人だけの物語」として理解している（山口，2025）。パーソナル・リカバリーは，①他者とのつながり，②将来への希望と楽観，③アイデンティティ，すなわち自分らしさ，④生活の意義・人生の意味，⑤エンパワメントが主要な構成要素として提案されている（Leamy et al., 2011）。たとえば，当事者でもあるPatricia Deeganは，日本での講演において，リカバリーは症状を安定させて地域生活を維持することではないと言及した上で，リカバリーについて次のように語ってる（Deegan, 2022）。

　　人生を手に入れることです。希望，夢，願望，目標，仕事，愛，ロマンス，友情，ナチュラルサポート，アパートでの暮らしなど，それらを中心に人々と関わることがとても大切なのです。

　2000年代以降は，各国において先述のEBP/EIPが徐々に実装されはじめた時期であると同時に，パーソナル・リカバリーの重要性が世界中で認識されるなかで，専門家主導で開発されたEBP/EIPへの問い直しが始まった時期でもある。たとえば，当事者でもあるDiana Roseは，「地域はバラ色の避難所ではない」と述べている（Rose, 2022）。彼女の発言は，たとえ地域でEBP/EIPが普及したとしても，当事者が地域生活において孤独を感じながら生活している事例は少なくなく，彼らがパーソナル・リカバリーの道を歩むための支援が十分に提供されていないことを暗示している。

　このような流れのなか，当事者と支援者・研究者が共に支援を開発する時代に突入している。その一例として，当事者およびピアサポーターを含む

支援者が地域において教育・支援プログラムを共同創造し，安心かつ安全な環境のもとで共にプログラムを運営するリカバリーカレッジが挙げられる（Hayes et al., 2023）。さらに，パーソナル・リカバリーを直接測定することは困難であるため，近年では共同創造によって開発された実践を，共同創造の手法で評価する取り組みが徐々に始まっている。

V　地域精神保健の拡大の時代

ここまで，重い精神症状の当事者に関する地域精神保健の流れを概観してきたが，欧米では1990年代・2000年代頃から精神保健の対象が拡大してきた。たとえば，英国や豪州では，精神疾患のリスク状態にある者に対する早期介入の研究が本格化し，2000年代以降，欧米各国で制度化が進められている（McGorry et al., 2008 ; Read & Kohrt, 2022 ; George et al., 2023）。また，近年では市民のメンタルヘルスケアにも関心が高まっている。たとえば，英国で2016年に発表された"The Five Year Forward View for Mental Health"（メンタルヘルスに関する5年先の展望）にはリエゾン精神医学，周産期精神保健，早期介入，法医学，プライマリケアの心理療法の強化などが盛り込まれている（Mental Health Taskforce, 2016）。

一方で，予算が限られたなかでの対象の拡大は，重い精神症状の当事者に対する入院医療や地域の多職種アウトリーチサービスのマンパワーや質の低下といった問題と関連しており，新時代のメンタルヘルスケアにおける大きな課題となっている（Moore, 2018）。加えて，近年では，メンタルヘルスが国民全体の問題であるとの認識から，精神保健の専門家のみならず，企業，学校，地域サークルなどを含む地域社会全体によって支え合う社会全体介入（whole-of-society intervention/whole-of-community intervention）の重要性が強調されている（Herrman et al., 2022 ; Patel et al., 2023）。2020年代は，地域精神保健の対象は支援を必要とする者に限らず，支援を提供する者の枠も拡大している時代である。

VI　日本における地域精神保健の発展

日本における地域精神保健実践は，保健所による公的支援および各専門職や家族会等が取り組んできた草の根的な心理・福祉支援の歴史まで振り返ると，その歴史は決して浅いものではない。一方，地域精神保健実践が本格化した転換期は，21世紀以降に現れたと考えられる。より具体的には，厚生労働省が2004年に発表した「精神保健医療福祉の改革ビジョン」において示された「入院医療中心から地域生活中心へ」という基本理念が，その契機のひとつであろう（樋口，2011）。実際，21世紀以降，精神科入院患者数（特に長期入院患者数）や入院日数は減少し続けている（厚生労働省，2022）。また，精神科訪問看護事業所数の増加や，障害者総合支援法下の福祉サービスの拡充も進展している。すなわち，日本は現在，地域精神保健の発展期の入り口に立っていると考えられる。

地域における医療・福祉サービスの増加とともに，近年では課題も浮上している。具体例のひとつは高い再入院率である。国のデータベースによれば，2020年に精神科病院から退院した患者のうち，約32%が1年以内に再入院している（公共精神健康医療研究部，2021）。この現状は，地域精神保健制度が発展途上であることとも関連している。たとえば，精神科訪問看護では多職種配置が組めず，1週間あたりの訪問回数に上限が設けられているため，重い精神症状を有する当事者の再入院防止には限界がある（天野ほか，2016）。また，障害者総合支援法下のサービスにおいては，アウトリーチ支援も存在するが，通所・集団支援が主流であり，また多職種支援が十分に展開されていない。同法下の就労移行支援は顕著な例であるが，支援対象は比較的障害程度の軽い当事者に限定される傾向がある（山口・塩澤ほか，2023）。歴史的に見れば，日本において重い精神症状や未治療の当事者に対して多職種による個別支援やアウトリーチ支援を提供してきたのは，主に保健所であった。しかしながら，20世紀末以降の保健所

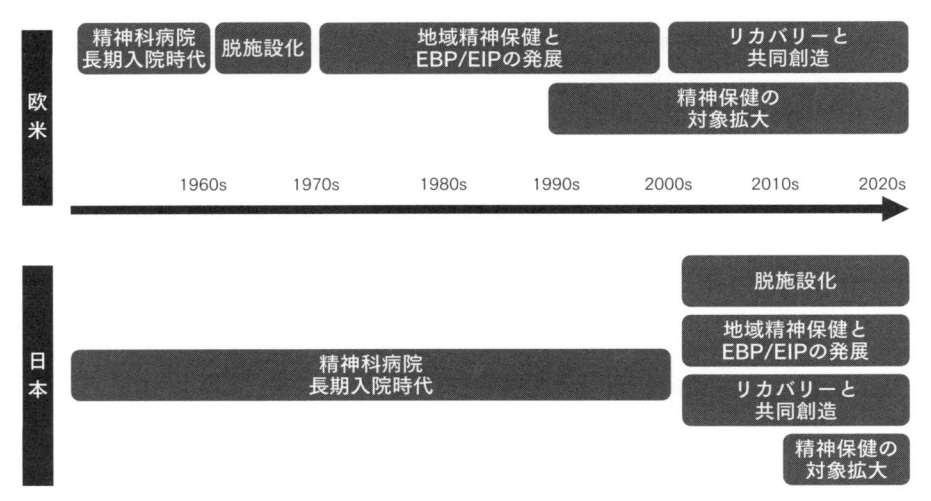

図　地域精神保健の変遷

改革に伴い，保健所は徐々にマンパワーを失い，その機能を維持することが困難となっている。

　これらの課題に対応するため，厚生労働省は2017年に「精神障害にも対応した地域包括ケアシステム」（以下，「にも包括」）を打ち出した（厚生労働省，2022）。「にも包括」は，精神障害の有無や程度にかかわらず，誰もが安心して自分らしく暮らすことができるよう，医療，障害福祉・介護，住まい，社会参加（就労など），地域の助け合い，普及啓発（教育など）が包括的に確保されたシステムである。このシステムの特徴は，①重い精神症状を有する当事者を含む国民全体のメンタルヘルス向上を視野に入れていること，②各自治体の地域精神保健体制の整備のために，保健・医療・福祉・心理関係者等が協議の場を通じ，関連機関やサービスとの重層的な連携による支援体制を構築することである。実際，地域精神保健の関連制度に目を向けると，多職種によるアウトリーチ支援などの体制整備は十分とはいえないものの，現在「にも包括」の理念に沿って各種法制度の改革が進められている。医療制度を例にとれば，精神科退院時共同指導料や療養生活継続支援加算などが創設され，多職種ケアの実装が徐々に始まっている。また，自治体においても地域精神保健の相談支援体制の整備が進展しており，精神保健福祉

相談員を対象とした研修も大幅に更新されている（オンデマンド教材は無料視聴可能（https://www.ncnp.go.jp/nimh/chiiki/seminar/12_3.html［2025年2月27日閲覧］））。さらに，2010年代以降は，研究の側面からもACTなどの多職種アウトリーチ支援，IPSなどの個別就労支援，共同意思決定を取り入れたリカバリー志向型支援，さらにはリカバリーカレッジに関する研究が発表されはじめ，徐々に日本の文脈における効果的な地域精神保健サービスの在り方が明らかになりつつある（山口ほか，2018；Hayes et al., 2023；山口・川口ほか，2023；山口・吉田，2024）。まとめると，日本の地域精神保健は，徐々に発展に向けた基盤を構築しはじめているといえる。

VII　今後の方向性

　日本の地域精神保健は，ゆっくりながらも質・量共に発展が期待される。今後は，「核となるサービスの実装」と「支援の多様化およびバランス」がキーワードになると予想される。図に示すように，欧米では，長期入院時代の終焉および脱施設化，地域移行をした人へのEBP/EIPの発展，共同創造や精神保健の対象拡大という順序で，徐々に地域精神保健が発展してきた。一方，日本においては，長期入院時代の終焉はある程度見えている

ものの，完全な脱施設化が達成されているとはいえない。今後，地域移行が進展し，多くの当事者が地域で生活するようになると，多職種による個別支援，アウトリーチ支援，共同創造的な支援など，核となる支援要素を有するサービスのさらなる充実が求められる。加えて，前述の通り，「にも包括」が国民全体のメンタルヘルス向上を視野に入れていることから，多様な市民が利用可能なサービスの拡充も必要とされる。よって，日本は，欧米が約70年をかけて取り組んできた課題に同時並行で対応している現状にある。この際，疾患や障害の重症度，また援助希求の有無などを考慮してバランス良く層別化されたサービス体制が必要となる。実際，英国においては，精神保健の対象拡大による重い精神症状の当事者に対するサービスの減少および質の低下が危惧されている。一般に，重い精神症状の当事者はサービスが届きにくい傾向にあり，バランスを考慮した資源分配がなされなければ，地域内において孤立する恐れがある。つまり，包括ケアを地域全体で実現するためには，各機関や専門職間における役割分担ならびにその重複部分の明確化が，今後の重要な課題となるだろう。

VIII　おわりに

本稿では，欧米と日本における地域精神保健の歴史を概観し，今後の日本の地域精神保健の方向性を整理した。今後の日本の地域精神保健は，長期入院患者の地域移行，効果的な支援および共同創造を通じた支援の普及，そして国民全体のメンタルヘルスに対応するものとなる。その際，重い精神症状の当事者に対する多職種チームを中心とした核となるサービスの実装と，支援対象とサービス内容の多様化とのバランスを図ることが求められる。これを実現するためには，各機関や専門職が地域資源の視点から自己のサービスの立ち位置を再考することが重要になるであろう。

●文献

天野敏江，春日ちえ，畠山美恵 ほか (2016) 精神科病院で実施する訪問看護の効果—GAFにより2群に分けての分析．精神科看護 43-2；48-56.

Deegan P (2022) 私のリカバリーストーリー／メディケイション・エンパワメント．精神障害とリハビリテーション 26-2；199-207.

Dixon LB, Dickerson F, Bellack AS et al. (2010) The 2009 schizophrenia PORT psychosocial treatment recommendations and summary statements. Schizophrenia Bulletin 36-1；48-70.

George P, Jones N, Goldman H et al. (2023) Cycles of reform in the history of psychosis treatment in the United States. SSM Mental Health 3；100205.

Hayes D, Hunter-Brown H, Camacho E et al. (2023) Organisational and student characteristics, fidelity, funding models, and unit costs of recovery colleges in 28 countries : A cross-sectional survey. Lancet Psychiatry 10-10；768-779.

Herrman H, Patel V, Kieling C et al. (2022) Time for united action on depression : A Lancet-World Psychiatric Association Commission. Lancet 399；957-1022.

樋口輝彦 (2011) 精神保健医療福祉のさらなる改革に向けて．精神神経学雑誌 113-5；490-495.

Killaspy H (2006) From the asylum to community care : Learning from experience. British Medical Bulletin 79, 80；245-258.

公共精神健康医療研究部 (2021) 精神保健福祉資料—レセプト情報・特定健診等情報データベース（NDB）を用いた集計．国立精神・神経医療研究センター．

厚生労働省 (2022) 精神障害にも対応した地域包括ケアシステム構築支援情報ポータルサイト．厚生労働省 (https://www.mhlw-houkatsucare-ikou.jp/［2025年2月27日閲覧］).

Leamy M, Bird V, Le Boutillier C et al. (2011) Conceptual framework for personal recovery in mental health : Systematic review and narrative synthesis. British Journal of Psychiatry 199；445-452.

McGorry PD, Killackey E & Yung A (2008) Early intervention in psychosis : Concepts, evidence and future directions. World Psychiatry 7-3；148-156.

Mental Health Taskforce (2016) The Five Year Forward View for Mental Health. London : NHS.

Moore A (2018) The forgotten foundations : In core mental health services, no one can hear you scream. BJPsych Bulletin 42-6；225-228.

Patel V, Saxena S, Lund C et al. (2023) Transforming mental health systems globally : Principles and policy recommendations. Lancet 402；656-666.

Read H & Kohrt BA (2022) The history of coordinated

specialty care for early intervention in psychosis in the United States : A review of effectiveness, implementation, and fidelity. Community Mental Health Journal 58-5 ; 835-846.

Rose DS (2022) Mad Knowledges and User-led Research. London : Palgrave Macmillan.

Thornicroft G, Szmukler G, Mueser K et al. (2011) Oxford Textbook of Community Mental Health. Oxford : Oxford University Press.

Thornicroft G & Tansella M (2009) Better Mental Health Care. Cambridge : Cambridge University Press.

Toro PA (2019) History. In : LA Jason, O Glantsman, JF O'Brien et al. (Eds) Introduction to Community Psychology : Becoming an Agent of Change. Montreal, Quebec : Rebus Community

山口創生 (2025) 精神疾患とリカバリー――専門職が理解するための再整理．心と社会 56-1 ; 95-102.

山口創生，川口敬之，塩澤拓亮 (2023) 統合失調症の心理社会的支援．精神医学 65-4 ; 479-487.

山口創生，松長麻美，種田綾乃 (2018) インフォームド・コンセントと共同意思決定．臨床精神医学 47-1 ; 27-35.

山口創生，塩澤拓亮，川口敬之 (2023) 統合失調症の社会的支援の現状．精神科治療学 38-7 ; 815-820.

山口創生，吉田光爾 (2024) ケースマネジメントの発展の歴史と概要．精神障害とリハビリテーション 28-2 ; 125-139.

2 「こんな心理職と働きたい！」——多職種のニーズとメッセージ

「こんな心理職と働きたい！」
多職種ニーズをシェアするために

吉田光爾 Koji Yoshida

東洋大学大学院ライフデザイン学研究科／コミュニティメンタルヘルスアウトリーチ協会

I　はじめに

筆者は，現在，コミュニティメンタルヘルスアウトリーチ協会という一般社団法人の共同代表を務めております。この組織では比較的重症な精神障がいのある方に対しての，Assertive Community Treatment や多職種によるアウトリーチ支援の技術研鑽や普及を行っています。私も研究者として，多くの多職種チームの活動を拝見してきました。その経験から，多職種によるアウトリーチという地域精神保健の前線状況からみたときに心理職に期待される点を，海外の研究も紐解きながら，整理を試みたいと思います。

II　背景

精神障がいを持つ人々の多くは，対人関係の困難や社会生活上の制約を抱えていることはご存知の通りです。統合失調症やうつ病，双極性障がいなどの精神疾患では，症状のために外出が難しくなったり，対人接触を避ける傾向が強まったりすることがあります。オフィスでクライエントを待っているだけでは，支援が届かないケースが多くなってしまうため，欧米諸国では，特に重い精神障がいのある人への支援は，地域精神保健での活動，特にアウトリーチが標準的になりつつあります（Dieterich et al., 2017）。

日本では，精神科医療はいまだ病棟中心のケアの様相が強い状況ではありますが，それでも訪問看護や相談支援事業，障害者総合支援法の支援によって，地域ケアも少なからず展開されてきています。また，行政による支援や，多職種アウトリーチ支援（ACT）のような活動もあり，すそ野は徐々にではありますが広がりつつあります（山口・吉田，2024）。

しかし，このような場で出会う基本的なプレーヤーは，医師・看護師・作業療法士・精神保健福祉士が中心であることが多いようです。例えば，国内のACTにおいては，支援の質を高めるために活動実態を相互に評価しあうフィデリティレビューというものがあり，各職種の配置などを把握していますが，筆者が長年関わっているなかで，心理職に出会うことはほとんどないのが実状です。

III　現状の多職種アウトリーチ支援において心理職に期待されること

しかし，これはアウトリーチ支援について心理職にニーズが存在しないということではありません。むしろ他の専門職とは一線を画す独自のスキルセットをもつ心理職に期待されることは大きい，と現場の声から感じています。ここでは地域における多職種アウトリーチ支援において期待されることについて，日本の現場の状況や，海外での情

報をもとに整理してみたいと思います。

1　心理内界のアセスメント／問題に関するフォーミュレーション

　現在の多職種アウトリーチ支援のなかでは，先に述べたように，医師・看護師・作業療法士・精神保健福祉士が中心に支援を行っています。それぞれの専門性によるアセスメントが行われていますが，心理内界に関する専門的なアセスメント能力については，心理職に一日の長があることも事実です。他方で，アウトリーチ支援のなかでは，クライエントのご自宅のありのままの生活を拝見するわけですので，外来や面談室でお話しするのとは全く違う情報量や，面談室とは異なる様子も見えてきます。面談室では見られなかったストレングスに気づくこともありますし，逆に，面談室ではかなり「頑張っていらしたんだな」と気づくこともあります。専門的なアセスメントを，病院や面談室ではない実際の環境で，心理職に行っていただければ，大きな力となるのは間違いありません。

　特に，さまざまな心理学的モデルを活用し，なぜこの人がこの時期にこのような問題を抱えるようになったのかを詳細に説明し，適切な介入方法を示すフォーミュレーションについては，心理内界に踏み込んだアセスメントとあいまって，心理職の重要な役割のひとつであると考えます。また，地域で出会うクライエントの方には，発達障がいのある人も少なくないため，その方の認知や能力の特性（強みや課題）の情報が得られると，かなり支援が効果的になると考えられます。さらに，重症精神障がいのある方も，就労を希望されている方は多いので，就労支援においても認知特性や作業能力上の特性がどこにあるかをアセスメントすることができれば，彼らの能力の活かし方やリカバリーへの道筋も大きく異なってくることが期待されます。このような心理学的な見立てやモデルが提供されることは，生物学的なモデルだけではない包括的なクライエントの人間像や，チーム

の人間観の把握にとって重要でしょう。

　またこうしたアセスメントの本人へのフィードバックについては，心理専門職は，大学院教育等を通じて，他の職種以上に十分なトレーニングを受けている印象があります。「当事者とアセスメント結果を共有するあり方」については，心理職から他の職種が学ぶことも多いと考えられます。

2　In Vivoでの問題行動の対処と支援

　重い精神障がいのある人たちの，地域での生活課題はさまざまで，それは精神症状というよりも，実際の生活場面のなかで「困難」として立ち現れます。不安からくる強迫行動や回避行動，認知的な偏りに起因する感情や対人関係上の問題，アンガーマネジメントやソーシャルスキルの問題，生活スケジュールやタスクコントロール上の課題，過度の拘りや注意欠陥にまつわる問題，嗜癖行動など，多くのクライエントが，生活場面のなかでこうした困難に出会っています。ですが，こうした問題の心理的背景に関するフォーミュレーションや対処戦略について他職種が得手としているわけではありません。

　他方で，これまでの心理職の支援のあり方は基本的にin Vitro（例：オフィスベースの面談）で行われているため，クライエントが生きている具体的な環境や場面のなかで，実際にどう問題に対処していくのかという点について，「やや遠隔的」であるという感も拭えないところがあります。

　地域の具体的な環境や場面のなか（in Vivo）で，どのように対処するのかを，心理職と当事者が一緒に考え，実践することができれば，これは非常に大きな力となるでしょう。例えば，重い精神障がいのある人たちに，認知行動療法（CBT）におけるホームワークを自主的にやっていただくのは，本人のモチベーションや情報の処理的に難しい，と感じる状況もしばしばあります。ホームワークにするのではなく，心理職が自宅で共同作業にて行うことも有効でしょう。また暴露反応妨害法については，自宅での課題に挑戦することが難しい場合

もあることが知られていますが，Guided Exposure
（クライエントに付き添いながら実施する）の形で
行えれば，全体の導入もより容易になると思われ
ます。さらに応用行動分析的なアプローチや，代
替行動を促進する関わりも，実際の環境のなかで
行われれば，より効果的で実際的になる可能性が
あります。

　アウトリーチ支援が進んでいるイギリスでは，
NHS（National Health Service）における積極的か
つ集中的な地域精神保健のガイダンスや，統合失
調症支援ガイドラインのなかでも，重症精神障が
いのある人に対して薬物療法だけでなく心理療法
やCBTを提供することを推奨しています（NHS,
2025；NICE, 2014）。他方で，アウトリーチ支援
に心理的介入を導入することについては，組織
的な障壁があることも指摘されていますが（Ince
et al., 2016），CBTとSSTを組み合わせたCBSST
（Cognitive Behavioral Social Skills Training）と呼
ばれる技法をACTに導入しようという試みもある
ことから，こうした技法の研究や導入が期待され
るところです（Sommerfeld et al., 2021）。

　地域社会におけるさまざまな問題となる行動を
十分にコントロールすることができれば，本人の
意思に基づかない入院や，隔離や拘束など，本人
にとってトラウマティックになりうる経験を予防
することも期待できるでしょう。

3　現地での家族療法的な支援

　イギリスの精神症と統合失調症に関するNICE
（National Institute for Health and Clinical Excellence）
ガイドラインにおいては（NICE, 2014），CBTとと
もに心理学的介入としてのFamily Interventionも
推奨されています。さらに日本では欧米諸国以上
に，重症精神障がいのある人の多くは，家族と同
居していることが多く，症状や行動によって家族
関係が緊張感のあるものになっていることも少な
くありません。現在，アウトリーチ支援に従事し
ているスタッフにはメリデン版訪問家族支援など
の研修を受けている人もいますが，その範囲は小

規模です。家族システム論・家族療法的なトレー
ニングを受けている心理職が（家族を病因とする
ような態度での関わりでなければ），家族全体の危
機介入や問題解決を直接支えることには大きな意
味があると考えられます。

4　エビデンスに基づく支援の提供──調査と　サービス評価

　我が国の心理職のなかには，臨床心理士の資格
取得を通じて，大学院教育を経ている人材が多い，
というのも重要な点でしょう。他の職種でも無論，
科学的・エビデンスを重視するマインドセットは
培われていますが，心理職は評価や社会調査，統
計解析に関するスキルに，他の職種以上に大学院
の教育課程を通して習熟している人材が多いこと
は，大きな強みです。それらの研究的な手法を通
じて，地域精神保健サービスの向上を図ることが
できる可能性があります。

　地域や公的な精神保健の場では，新しいプログ
ラムを開発したり，既存のプログラムを変革したり
することも非常に重要です。また，アウトカムや
影響を評価する上で満たされていないニーズも大
きいのですが，ニーズ評価やプログラム開発に関
してトレーニングを受けている医師・コメディカ
ルは多くはありません。心理職はこのような状況
に関与し，すなわち現行の支援やプログラムを客
観的に評価したり，新しいプログラム開発を行っ
ていくこと，あるいは研究としてエビデンスをま
とめ世の中に公表していくことなどへの寄与が期
待されています（Lavender & Roslyn, 2007）。こ
うした心理職がもっている調査や研究手法に関す
るスキル・ストレングスをぜひ生かしていただき
たいと思います。

5　コンサルテーションと研修

　多職種協働でのチーム支援においては，各員が
各々の専門性をもったスペシャリストであると同時
に，それぞれが専門性の枠を超えたジェネラリス
トであることが求められます。しかし，地域や公

的な精神保健の場に多く存在するソーシャルワーカーや看護師は，十分に心理療法の提供に関する訓練を受けていないことが多く，向学心をもって学んでいても独学には限界があるのも事実です。さらにエビデンスに基づく介入に関する訓練を受けた経験は，さらに少ない状況にあります。心理職が心理学的な知見や技術について，他の職種に研修やコンサルテーションを行い，チーム全体の能力を向上させることも期待されていることでしょう。

IV 心理職との協働における課題
——アイデンティティの混乱と創造

アウトリーチ支援に飛び込んだ，あるベテランの病棟の看護師の方に，以下のようなことを伺ったことがあります。「今までは，患者さんとのコミュニケーションで困ったら，『今忙しいから，あとでね』で話を終わらせられた。けれど，相手の家に伺っている状況で，『あとでね』とは言えない。どうしたらいいか，わからなくなってしまった」とおっしゃるのです。これは笑い話ではありません。看護師だけではなく，心理職についても，地域において多職種協働で働くときに，これまでとは違った役割期待や環境のなかで，これまでの構え・枠組みが使えなくなり，アイデンティティの混乱を感じることが出てくるように思います。

実際に，先行する海外の実践においても，多職種アウトリーチ支援に飛び込んだ心理職の心理的な葛藤や，課題については，以下の報告がされています。

例えば，多職種アウトリーチチームでは，先に述べたように，ジェネリック・ワーク（特定の専門職や技能に特化しない活動）を中心としているため，これは専門職を自認している心理職の態度と対照的であり（Wright, 2005），チームでの採用や確保が困難である可能性が指摘されています。また多職種アウトリーチ内の心理専門家は，チーム内で「医学的モデル」が特権的であると認識されることで，フラストレーションを感じたり，孤

立したりすることがあるとも報告されています（Yates, 2004 ; Plunkett, 2006）。

クライエントとの関係を見た場合には，多職種アウトリーチチームが対象とするクライエント・グループは，歴史的に臨床心理学からのインプットをほとんど受けていないため，心理職の役割やトレーニングの通常の概念にとらわれない，より柔軟で創造的な介入戦略を必要としている可能性が高く（Cupitt et al., 2006），心理職は自分の役割やアイデンティティについて手応えの無さや混乱を感じていることもあると報告されています（Yates, 2004 ; Plunkett, 2006 ; Cupitt, 1997, 2001 ; Cooper et al., 2008）。

また，アウトリーチチームの他職種からの意見についてデルファイ調査した研究では，心理職は，他職種の役割を十分に理解しておらず，透明性や柔軟性が低く，クライエントに対するダイレクトサービスに従事していない（＝もっと家庭訪問をしたり，セラピールームの外でミーティングをしたりしてほしい）という声が聞かれています（Connolly & Claire, 2012）。概して，多職種チームにおける統合を促進するためには，心理職が維持する境界線が過度に厳格であるという認識を減らし，地域という生の環境のなかで，心理職が自らを問い直し，透明性とオープンなアプローチをとることが重要になりそうです。

しかし，のちの研究では，また異なった様相が報告されています。多職種アウトリーチ支援に携わっている心理職に対するデルファイ調査のなかでは，心理職の自信と熱意が持続していることがうかがえる結果が示されています（Pipon-Young et al., 2010）。アウトリーチチームの心理職としての明確なアイデンティティを確立するにつれて，柔軟な役割分担が脅威でなくなり，「潜在的なアイデンティティの危機」は，少なくとも部分的には解決された可能性がある，とも指摘されています（Pipon-Young et al., 2010）。すなわち，上記のような葛藤や混乱を経験しながらも，心理職は多職種の地域精神保健チームの中で，新たな役割やア

イディンティティを創出している可能性がある，というのは希望の持てる内容であると思います。

　とはいえ，しばしば医療的な文化が優勢になる地域精神保健のチームのなかで，オルタナティブな視点を提供し続けたり，ジェネラリストとスペシャリストの合間で独自の立ち位置を取り続けることは，心理的な孤立感につながることもあるかもしれません。そのような意味で，多くの心理職の方が地域精神保健の場で活躍される状況が生まれれば，心理職のネットワーキングもより活発になり，お互いの悩みや経験を共有して励ましあう場も得られるでしょうし，また経験者が増加していくことで，スーパーバイズを受けられるような状況になると考えられます。現在，心理職が地域精神保健の活動の場で活躍するための，雇用的な補償や，制度的な基盤は必ずしも十分ではなく，心理職の力が十分に活用できている状況ではありませんが，世界的な潮流が日本にも及んでくることを期待しています。

●文献

Connolly T & Claire W (2012) Team members' perceptions of clinical psychology in an adult community mental health service. Clinical Psychology Forum 1 ; 22-26.

Cooper R, Gendle K, Mould C et al. (2008) Psychology in assertive outreach. The Psychologist 21-1 ; 30-31.

Cupitt C (1997) The assertive outreach psychologist. Clinical Psychology Forum 103 ; 32-33.

Cupitt C (2001) Developing psychology posts in assertive outreach. Clinical Psychology 103 ; 32-33.

Cupitt C, Meddings S, Amphlett C et al. (2006) Clinical Psychologists and Assertive Outreach. Leicester : British Psychological Society.

Dieterich MC, Irving B, Bergman H et al. (2017) Intensive case management for severe mental illness. Cochrane Database of Systematic Reviews, Issue 1. Art. No. : CD007906.

Ince P, Haddock G & Tai S (2016) A systematic review of the implementation of recommended psychological Interventions for schizophrenia : Rates, barriers, and improvement strategies. Psychology and Psychotherapy : Theory, Research and Practice 89 ; 324-350.

Lavender T & Roslyn H (2007) New ways of working for applied psychologists. Clinical Psychology Forum 1 ; 39-43.

National Health Service (NHS) in England (2025) Guidance to integrated care boards on intensive and assertive community mental health care. (https://www.england.nhs.uk/long-read/guidance-to-integrated-care-boards-on-intensive-and-assertive-community-mental-health-care/ [2025年3月27日閲覧])

National Institute for Health and Clinical Excellence (NICE) (2014) Psychosis and Schizophrenia in Adults : Prevention and Management. London : NICE.

Pipon-Young L, Cupitt C & Callanan M (2010) Experiences of clinical psychologists in assertive outreach teams : A delphi survey. Clinical Psychology Forum 1 ; 17-21.

Plunkett C (2006) Learning the ropes. Clinical Psychology Forum 166 : 11-13.

Sommerfeld DH, Granholm E, Holden J et al. (2021) Concept mapping study of stakeholder perceptions of implementation of cognitive-behavioral social skills training on assertive community Treatment teams. Psychological Services 18-1 ; 33-41.

Wright C (2005) Assertive outreach : What's really going on in England?. Paper presented at the annual conference of the National Forum for Assertive Outreach, Keele University, April 2005.

山口創生，吉田光爾 (2024) ケースマネジメントの発展の歴史と概要．精神障害とリハビリテーション 28-2 ; 125-138.

Yates K (2004) The experiences of clinical psychologists in assertive outreach. Clinical Psychology 33 ; 8-11.

❷「こんな心理職と働きたい！」——多職種のニーズとメッセージ

暮らしと日常を支える専門家
地域生活定着支援のリアル

大嶋栄子 Eiko Oshima

特定非営利活動法人リカバリー

Ⅰ　居場所をめぐる問い

　日本の精神科病院は，多くが治療というより生活の場だ。私がソーシャルワーカーとして精神科病院に入職した1980年代の終わりは，「精神衛生法」が「精神保健法」へと転換する時期にあたる。当時は長い間，精神病の治療という名の下に社会生活から切り離された人たちが病院のなかに滞留していた。その数は30万人を超え，先進諸国のなかで際立って多数であること，また1984年の宇都宮病院事件をきっかけに，入院患者の多くが面会をはじめ外出や通信の自由を制限されていることなどが国連人権小委員会，また国際法律家委員会より人権侵害の恐れがあると勧告されるなどして，法律が改正された経緯がある（横倉，2017）。

　私が精神科病院で最初に手がけた仕事は，先輩ワーカーたちと手分けし，法改正に伴って，400名を超える入院患者の書類を確認し，整理することだった。始めてみると，入院に伴う同意書が見つからない患者数は予想していたよりもずっと多かったのに驚いた。また，入院して5年以上が経過している患者がベッド数の60%を超えるという現実を前に，ここがもはや彼らにとって治療の場ではなくなっていることを痛感した。私が初めて担当したのは62床ある開放病棟だったが，いわゆる社会的入院と言われる，病状は安定しているも

のの地域社会に帰る先のない人たちが30人前後いた。統合失調症の急性期にある青年，摂食障害で医療的管理が必要な若年女性，場面緘黙があり学校でお手上げとされた思春期の子どもたちなど，病状の急変や治療方針をめぐり慌ただしくカンファレンスが行われる一群とは対照的に，一日の大半をベッドの上で過ごす"静かな"人たちだ。

　入院書類の確認と整理を名目に，「入院から地域社会へ」という国の方針転換に沿って，私は担当する患者と面接をしながら，入院のきっかけとなった出来事，外泊の頻度や家族との交流などについて聞いていった。院内では法改正に伴い，長期入院者を計画的に地域社会へと送り出していくための話し合いが持たれるようになり，ソーシャルワーカーで構成される医療相談室は，その中心的な役割を果たすことになった。しかしここで私たちは，思わぬ事態に直面することになる。ほとんどの長期入院者が退院を望まなかったのだ。私はその時に聞いた彼らの言葉を，今でも忘れることができない。

　「ここではちゃんとご飯も出てくるし，薬の飲み忘れもない。何か困ったことがあったら詰所へ行けば看護師さんたちがいて話を聞いてくれるから，何も困っていない」

　「入院したばかりの頃は，早く家に帰りたかった。カーテン一枚でプライバシーがないのも，共

同浴場なのも，何年もかけてようやく受け容れた。今さら退院して地域で暮らすといっても，働いたことがほとんどないし，経済的には障害年金だけでやっていけないでしょ」

「もう父親は亡くなって，実家には弟の家族が母親の面倒をみながら暮らしている。入院して20年でしょ。義妹には私のことを詳しく知らせていない。結婚式にも出ていないしね。だから私，帰るところないの」

あまりに長い管理的処遇の結果，現状に疑問を感じながらも，自分でそれを変えていきたいと願うことを次第に諦めていった患者たちの気持ちが言葉に滲み出ていた。彼らが不在にしていた期間，地域社会での暮らしは急激に電子化され変化した。対人交流が減少し，わからないことを聞ける場所がないなど，ひと足先に退院した人が外来受診のついでに病棟でそんな苦労話をする様子を見かけることがあった。精神科病院から退院し地域社会で生きることの難しさが強調され，入院患者に伝えられていた。

私はそれでも，彼らが社会で当たり前に，自分が望む暮らしをするのを手伝いたいと願っていた。だからデイケアの利用者に来てもらって地域生活の楽しさを話してもらい，使える福祉サービスの説明をし，新しくできた社会復帰施設の見学に行くなど，地域生活をイメージしてもらえるようにと思いつくことは全部試みた。しかしながら，どの方法も長期入院者の関心を惹くことができなかった。何が足りないのだろうと考えてはみるが，自分ではわからない。困ってしまった私は，また担当している患者たちのところへ話を聞きにいった。みんなが退院してみようかな，自分の部屋を借りてみたいと思うのはどんな時なのか，それを教えてもらうために。

何度も聞いてきたはずなのに，聞き取れていなかったことが次々と出てくる。彼らは生活の場だけを求めていたのではなかった。退院したいという希望がはっきりと立ち上がるには，そこに自分が居られる，居てよいと歓待される場所が必要で，

それがなかなか見つからないという。

私は別の論考で，そこにある現実が“あると認識されない不正義”について述べた（大嶋，2023）。見えない存在にさせられることが，どのように人を追いつめていくのかを実感したのは，この時の体験が大きい。居場所とは他者が自分に向ける関心と承認によって構成されるが，駆け出しで頭でっかちの私に，居場所というキーワードについて最初に教えてくれたのは，精神疾患を抱えた長期入院者という，この社会で見えない存在にされてきた人たちだ。

Ⅱ　暮らしの細部に宿るもの

その後，私は依存症病棟に異動となり，そこで10年あまりアディクション問題と向き合うことになる。それまでの仕事と比較して一番大きかった違和感は，依存症を精神疾患のひとつとして認識することだったと思う。当時の患者が依存していた対象の中心はアルコールだった。初めは快の効果をもたらしたものが，使用頻度や分量のコントロールが利かなくなりマイナス作用のほうが大きくなっても，それを止めることが困難になる病いとされていた。統合失調症が本人にとって不可解な出来事を契機に，それまでとは全く別様の世界観に支配され自己を喪失するような体験なのだとしたら，依存症とは時間をかけて後戻りができなくなっていく，慢性的な自殺的行為と言える。だから見方によっては自分の変化に気づき（多くは周囲からの忠告で）引き返すことが可能なのだが，それをしなかった人だとみなされる傾向がある。いわゆる“自己責任”というスティグマが，これほど根強い疾患はないだろう。

かくいう私自身がそのスティグマを抱えていた。ただ，定期的にコミュニティのなかで同じ問題を抱える人たちが集い，自分が薬物を使っていた頃，そして今の自分について語るミーティングを通じて薬物を手放していくAA（アルコホーリークス・アノニマス：無名のアルコール依存症者の会）やNA（ナルコティクス・アノニマス：無名の薬物依存症

者の会）という自助グループへの参加を通じて，少しずつ私のスティグマは溶けていった。そして決定的に依存症への見方が変わるのは，女性がこうした薬物に深くのめり込んでいく背景に，多くの暴力被害があると知ったことがきっかけだった。また依存症という疾患に対して薬物療法は補助的なものにすぎないことから，入院治療（飲めない，使えない環境）よりも，生活と並行した治療（飲める，使える環境下での外来受診や自助グループへの参加）が重要となることも知った。

だが私の関心はむしろ，女性たちがせっかくシラフに戻っても「（薬物を）やめてからのほうが辛い」という語りにあった。退院して家に戻っても家族からは非難の眼差しが注がれ，ケア役割は女が担って当たり前とされている。また暴力の加害者と同居を継続するストレスなど，彼女たちにとって地域に安全な居場所はなかった。あらためて，依存症という疾患が個人の課題というよりジェンダーをはじめ多くの社会的事象と結びついていると感じ，退職後は大学院で学びなおしながら地域に自分のフィールドを移した。研究で得た知見をもとに，ジェンダーの視点を活かし女性の生活を支える仕組みを作ることになった。

2002年9月，札幌市に「それいゆ」と名付けたシェアハウスと通所の場所を開設した。

2004年にNPO法人となり，現在では共同住居，就労支援，相談（訪問型サービスを併設）という3つの事業を実施している。支援の対象は依存症に限定せず，「さまざまな被害体験を背景に，精神的不調や障害を抱える女性」とした。日本で初めて，トラウマを抱える女性の生活を包括的に，かつ長いスパンで支える場所としてスタートし，2017年からは就労支援のみ男性の利用を開始している。開設当初は薬物依存（合法／非合法）をはじめ摂食障害や自傷行動がそれに重なる利用者が中心だったが，10年ほど経過すると少しずつ発達障害の特性を抱える人の割合が増加した。また精神科病院をはじめとする医療機関から法人を紹介される事例だけでなく，少年院や刑務所といった

矯正施設，児童相談所，女性相談支援機関といった多様な領域からの相談が増加した。女性たちが抱える困難の複雑さから，落ち着いて過ごせる場をなかなか見つけられないという声が全国から寄せられている。

昼間の居場所と生活の場所ができると，いろいろな場面で共に過ごす彼女たちの不安やこだわりが見えてきた。シェアハウスには当直が入るのだが，私にとってはトラウマを抱える人たちにとっての夜がどのようなものかを知る，非常に貴重な時間だ。多くの人が眠るというより"意識を失う"感覚で過ごすことが多い。部屋の灯りはつけたまま，洋服を着たまま横になるので，それでは身体がなかなか休まらないだろうと感じるが，彼女たちは弛む方が怖いので，これでいいのだという。

シェアハウスの当直をしていたある時のことだ。夜中に風呂の方から音がするので不審に思い，真っ暗な浴室のドアを開けたら，そこに入浴している利用者を見つけた。人がそこにいると思っていなかった私は思わず"ワッ"と言葉を発して，逆に彼女を驚かせてしまった。彼女は度重なる性暴力のサバイバーだが，自分の裸体を自分で見るたびに傷つけたい衝動に駆られるのだと話してくれた。だから入浴はみんなが寝静まった夜中，灯りをつけずに真っ暗な方が安全なのだと。こうした現実は，一緒に時間を過ごしてみないとなかなか知り得ないことだと思う。またリストカットで血だらけの人を救急当番の病院へ連れて行く，処方薬のODをした人に対して救急車要請をするかどうか判断する等々，暮らしの現場では毎日が弛緩と緊張のループなので，こちらが身構えていると心身がもたない。なるようにしかならないことが多いし，できることは明るいうち，相談先が開いている時間に済ませておく。あとは"おまかせ"するしかない。おまかせとは，「それいゆ」にたどり着いた彼女たち自身のなかにある変化への希求に委ねることを指す。なんとかしたいという，とても小さくてもよい，そうした願いが彼女たちにあれば，必ず最悪の事態は避けられると考えている。

III　時間軸と変化

「今のままの自分でいたくない」——何度もその言葉を女性たちから聞いてきたが，変化とは私たちが想像している以上にわかりづらいものだし，変化には気が遠くなるような時間が必要になる。言い換えると，急激な変化が起こる場合（それが良いものと捉えられるなら特に）には特段の注意が必要だ。NPO法人リカバリーでは何人かの利用者を自死で喪う体験をしたが，いずれも変化が起こり始めた，起ころうとし始めた矢先の出来事だった。

変化に関する時間軸について私に教えてくれたのは，ダルク女性ハウス（東京）を長く牽引してきた上岡陽江さんである。援助者がこのような時間軸を自分のなかに持つと，目の前で起こる事象だけに翻弄されることがグッと少なくなると彼女は言う。少し長くなるが引用する。

　　時間というものが本人達の側からどんなふうに見えているのかという事実が重要です。そして本人にとっての時間は，外側で流れる時間や出会う人，交わす言葉等々との結びつきなかで，どうなっていくのかということをよく知っておく必要があります。また援助者は，本人が長い時間をかけて歩んで行く快復の道のりを，少し引いたところから眺められるといいようです。私は，援助者が今起こっていることとこれまで起こってきたことの繋がりを，俯瞰できるような時間の軸を，自分のうちに持つことが大事であると考えます。本人達から見えている時間の軸と，私たちの援助関係から見えている時間の軸のふたつは，それぞれが重なりあい，すれ違いながら存在しているからです[注]。

この時間軸という概念と感覚を，彼女たちに関わる人たちと共有できる場合には，ネットワークが継続し，専門職同士のつながりが強くなる。お互いへの信頼が同じように時間をかけて強固なものになっていくことで，難しい事例や危機的状況でも恐れずに対応していけるようになる。変化

は，小さくてよい。小さき変化が継続して起こるような環境を，暮らしのなかに整えるのが私たちの仕事だ（大嶋，2024，p.152）。

IV　暮らしという "日常" を支える

精神科病院から地域へとフィールドを移し，自分で事業を起こし運営する側になって23年が経過した。事業の継続には対人援助の理念やスキル以外に，社会課題の変化や政策動向などを的確に摑み，事業の行先を検討するという，経営者としてのスキルが必要になる。また一緒に働く専門職の雇用や育成にも携わってきた。異業種で活躍する多くの方にメンターとなってもらい，今の私がある。

リカバリーではこれまで複数の心理職が働いてくれた。最初に非常勤で入職した心理職には，時間をかけた生育歴の聞き取り，必要に応じた心理検査などを担当してもらった。1年ほど経過した後はプログラムを1つ担当してもらい，グループミーティングを実施した。グループのファシリテーションができる心理職は大変貴重だと感じた。次の心理職には，その人の専門であるソマティクスを現在も継続して担当してもらっている。ソマティクスの "Soma" とはギリシャ語で「生きている身体」を表す言葉である。ソマティクスでは，無意識の緊張を意識的にほぐすエクササイズを行う。それによって，ストレスを受けて収縮した筋肉の状態をよりリラックスした状態にリセットする（ハンナ，2023）。リカバリーの活動にとって，なくてはならない重要なプログラムである。

リカバリーの実践は，暮らしという "日常" を支えることを最重視する。一方で心理職と一緒に働く時には，ある場面や出来事，また面接のなかで現れたものについて，理解するプロセスを共有できたらいいと感じることが多い。トラウマを抱え

注）引用文は『その後の不自由』（上岡・大嶋，2010）の草稿からの抜粋であり，執筆過程において改訂され，最終的に「時間の軸」としてまとめられている（前掲，pp.192-198）。

る人と長い快復の道のりを伴走するには，多職種のチームが欠かせない。リカバリーが常に心がけているのは，女性が抱える困難をジェンダーの視点で捉え，同じ時間軸を持つ人たちと，彼女たちを多角的かつ包括的に支えていくことだ。心理職のなかに，一緒にチームを組める人たちが増えていくことを心から願っている。

●文献

トーマス・ハンナ［平澤昌子 訳］（2023）ソマティクス―痛みや不調を取り除き，しなやかな動きを取り戻す方法．晶文社．

上岡陽江，大嶋栄子（2010）その後の不自由―嵐の後を生きる人たち．医学書院．

大嶋栄子（2023）居場所をめぐる問い―ジェンダーについて知るところから．In：大嶋栄子，信田さよ子 編：あたらしいジェンダースタディーズ―転換期を読み解く（臨床心理学増刊第15号）．金剛出版，pp.2-8.

大嶋栄子（2024）傷はそこにある―交差する逆境・横断するケア．日本評論社．

横倉聡（2017）わが国の精神保健医療福祉施策，100年の歴史から学ぶこと．東洋英和女学院大学「人文・社会科学論集」35；137-157.

❷「こんな心理職と働きたい！」──多職種のニーズとメッセージ

動けて走れるセラピスト
アウトリーチ支援の現場から

西内絵里沙 Erisa Nishiuchi

国立精神・神経医療研究センター 精神保健研究所 地域精神保健・法制度研究部／所沢市アウトリーチ支援チーム

I　はじめに

　自治体におけるアウトリーチ支援では，従来の医療や福祉のサービス利用時に必要な契約関係が結べない方にも支援を届けることが可能となる。支援の対象となる方は，他者との疎通が取れない状態にあることも多く，そのような現場に支援者が自ら出向き，援助希求を拾い上げるところから始まる。地域精神保健の現場で，心理職の方々はどのように力を発揮しているのか。私たちのチームにおける心理職との協働について報告したい。

II　所沢市の地域精神保健

　埼玉県所沢市は，人口約34万人の保健所未設置市で，「赤ちゃんからお年寄りまですべての市民が健康で生きがいのある生活を続けられる」よう，保健・福祉・医療3つの分野にわたるサービスを提供する複合施設として，保健センターが設置されている。そのなかにある健康管理課こころの健康支援室は，精神保健福祉が一元化された総合窓口としての機能を目指し，現在は室長，精神保健福祉士，ピアサポーター，事務の14名体制でメンタルヘルスにかかわる業務にあたっている。室長である小野寺健氏から伺った話によれば，こころの健康支援室に寄せられる精神保健相談を整理してみると，精神科未受診や精神科医療中断により地域で孤立しているケース，精神科医療だけでは解決しない生活支援が重要なケース，すぐに医療や福祉が必要というわけではないものの何らかのサポートが必要な思春期ケース，世帯全体に精神科的な課題があるケース，その他さまざまな要因が重なりひきこもっているケースなど，対応困難になりやすい事例が浮かび上がってきたという。数多く寄せられる精神保健相談に対し，限られた人員で相談対応をするため，どうしても緊急性のあるケースが優先されてしまい，緊急性が低く支援に時間がかかるケースに対しては支援が行き届かないもどかしさもある。また，支援を拒否するなどかかわりづらいケースの課題を解決していくには，個々のニーズに合わせた丁寧な支援を提供し，根気強く伴走しながら信頼関係を構築することが重要であるが，どうしてもそれらの対応が困難な現状がある。

　そこで，これらの課題に対応すべく，2010年からACT連続講座や所沢市精神障害者地域生活支援施策研究会などでの協議を重ね，2013年「精神障害者への地域生活支援の拡充にむけて」と題する提言書が市長へ提出された。そのなかには「市が取り組むことが望まれる施策」として多職種アウトリーチ支援事業の実施が盛り込まれ，2015年10月「所沢市精神障害者アウトリーチ支援事業」が開始された。2018年10月からは国立精神・神経医療研究センターが業務を受託（3年間の継続事

業・更新あり）し，私たち所沢市アウトリーチ支援チームは所沢市保健センターに拠点を置いて活動している。

　なお，所沢市のこの取り組みについては，私たちのチーム立ち上げメンバーであった下平美智代氏の書かれた「コミュニティケア──所沢市の精神保健に係る取り組み」（下平，2021）に詳細が紹介されている。ぜひご覧いただきたい。

III　所沢市精神障害者アウトリーチ支援事業

　所沢市精神障害者アウトリーチ支援事業は，「住み慣れた地域での生活の維持・継続が困難な精神障害者を地域で支援するため，多職種によるアウトリーチ支援チームを設置し，医療・保健・福祉のサービスを提供することで精神障害者の地域生活の維持・継続を図る」ことを目的としており，「所沢市アウトリーチ支援チーム」がその役割を担う。こころの健康支援室に寄せられるメンタルヘルスに関する相談は，年間10,000件にのぼり，そのなかでアウトリーチ支援事業の対象となるものが月1～2件のペースでチームにリファーされる。

　対象基準を，（1）所沢市民であること，（2）精神疾患がある，もしくは疑われる人，（3）既存の精神医療保健福祉的支援につながりにくい人とし，さらに，①生活に支障があるほどの精神症状がみられるものの未治療もしくは治療中断している，②過去1年間に2回以上の精神科救急利用歴または入退院がある，③苦情や近隣トラブルなどがある，④精神科長期入院者で住居など退院のための調整が必要，⑤ひきこもりなどで学校・職場に行けない，⑥社会的に孤立している，⑦その他の理由でアウトリーチ支援ニーズがある，といった方に対応する。

　事業仕様書には，本人のみでなくその家族も支援の対象として明記されており，さまざまな対象，ニーズに対応すべく，多職種アウトリーチ支援チームであることが前提とされている。チームの立ち上げ時には，こころの健康支援室と相談しながらチームの構造や役割について検討が重ねられた。

IV　所沢市アウトリーチ支援チームの特徴

1　チームの構造

　所沢市アウトリーチ支援チームは多職種構成で，看護師，精神保健福祉士，作業療法士，医師，そして本稿のテーマである心理職が在籍している。それぞれの職種がその技術や専門知識を活かすことが求められ，精神科病院はもちろん，他科での経験を持つスタッフが他職種へのスーパービジョン機能も活かしながら力を発揮している。さらに大きな特徴として，超職種性を持つことが挙げられる。つまり，チームの機能として，包括的ケースマネジメントを行うことが求められており，職種を超えてケースへの支援を包括的に捉える力が必要とされる。これは，重度精神疾患を持つ人が地域でケアを受けながら暮らし続けることを目的としたIntensive Case Management（ICM）や，Assertive Community Treatment（ACT：包括型地域生活支援プログラム）の考え方を参考にしている。そこには，支援者が積極的に関与しサービスを不断に提供すること，アウトリーチする支援者が当事者に直接的・個別的な支援を行うこと，利用者の状態に随時柔軟に対応すること，生活や症状の危機に対して救急対応することが含まれる。私たちアウトリーチ支援チームがかかわることで，既存のサービス利用までのお試し機能や，他者が定期的にかかわることへの準備期間として体験してもらい，ゆくゆくはサービスの移行や積極的なサービスの選択，自立といったゴールに繋がっていけるよう努めている。

2　支援方法

　チームでは訪問を中心に，来所による面談，電話や通信による相談対応，そして既存サービスではまかないきれない形として同行支援を行う。多くの医療・福祉サービスは，本人がサービスを提供する場に直接出向き，利用意思を示すことで支援が開始される。しかし，私たちのチームに繋がる人々は，それらが難しく，また，相談窓口に出

向くこと自体にハードルを感じている場合も多い。いずれ自発的にサービスを利用できるようになるまでの間，チームが寄り添い，一緒に出掛け，説明を聞き，本人が自ら利用に関し記名するといったところから，家から外に出るために何が困難になっているのか，どうすればそれらの障壁を減らせるのかといったことまで，行動を共にする。

3　包括的ケースマネジメントの実践

導入から終結までの間，アセスメント，プランニング，支援の提供，モニタリング，評価が繰り返され，そこではCAN-J（Camberwell Assessment of Need-Japanese version：精神障害者におけるニーズの評価）やストレングスアセスメントなどのツールを用いることがある。ツールを活用する際のポイントとして，シートを埋めることが目的とならないよう，項目を念頭に置きながら訪問や同行支援の際に直接見る・聴く作業を重ねていく。

また，スタッフ個々に自身の行う支援がチームの介入目的から外れていないかを確認するため，チーム独自の臨床スタッフ自己チェック票にて半年ごとの振り返りを行う。そのなかにもアセスメントに関する項目があり，日々の実践について包括的なケースマネジメントができているかどうかを確認するようになっている。

提供する支援内容も多岐にわたっており，生活支援，家族支援，精神症状や服薬に関する支援，身体疾患に関する支援，心理支援，医療相談に関する支援，就労・就学に関する支援，福祉制度利用に関する支援，対人・社会関係に関する支援といったカテゴリーに分けられる。この分類は，プランニングや動機付け，意思決定，直接的な支援，調整，情報共有，危機介入などを目的として行う。

V　所沢市アウトリーチ支援チームにおける心理職

チームには，これまで非常勤として週1～2日，あるいは週4日，心理職が在籍してきた。週1～2日という少ない勤務日数のなかでチームが心理職に求めることは，主に「支援を受けることに比較

的意欲のあるケース」に対するかかわりであった。これは，チームに繋がる経緯が，こころの健康支援室の行う「思春期相談」からのものが多いことに起因しており，「支援を受ける動機付け」の部分をこころの健康支援室や嘱託医が担ってくれている。「思春期相談」から繋がるケースは，不登校をきっかけとする方が多く，家族や学校のフォローのもと，公的機関である保健センターの相談窓口にたどりつく。アウトリーチ支援導入後も保健センターまで出向いてくることが外出機会となり，来所面談の形で対応することが多い。不登校によりかかわる大人が家族以外にはいなくなってしまった若年層に対し，定期的に，そして学校のことに限らず話ができる機会を提供できる場となっている。

これまでチームに在籍してきた心理職のほとんどが，若年層への支援に関心が高く，「思春期相談」から繋がるケースに主担当としてかかわってもらうことが多かった。他職種スタッフは成人支援経験が主であったため，特にチーム立ち上げ当初は，「若年層のケースは心理職」というパターンになることが多かった。

ケースの主担当となった心理職は，不登校などにより居場所を見失ってしまった若年層のケースに寄り添い，再び社会に一歩を踏み出すための支援を行う。ここでは，なかでも特に印象に残った心理職スタッフのかかわりについて紹介する。

1　心理職スタッフのかかわりの紹介

私たちのチームでは，一人の利用者に対し主担当と副担当からなる複数名の個別支援チーム（ITT：Individual Treatment Team）を作る。チーム全体で担当者を支え，ケースレビューやITTミーティングなどの機会を設けて支援の見直しや検討を繰り返す。

ここで紹介する心理職スタッフは，少ない勤務日数という条件を踏まえた工夫として，ITTミーティングの機会を存分に活用し，支援の進捗や行き詰まりについて他職種からの意見を積極的に求

めていた。他職種スタッフは，病棟や地域支援で培ってきた経験をもとに，心理職スタッフが分析・整理した状態に対し，どういうアプローチができそうかさまざまなアイデアを出し合った。直接的にケースにかかわる必要があれば協力し，例えば対人関係で悩むケースが就職に必要な模擬職場練習をしたいとなれば，ITT以外のスタッフも役割を担い，主担当である心理職スタッフがケースとともに振り返りを行うなど，若年ケースの社会経験に役立てるようチーム全体でかかわった。また，ケースと共有した課題にチャレンジするためには，段階的な取り組みが良いのではないかという意見が挙がったときは，心理職スタッフはCBT（Cognitive Behavior Therapy：認知行動療法）を活用し，動機付けと行動変容を促すかかわりを取り入れていった。主担当である心理職スタッフがケースとともに長期目標・短期目標をプランニングするなかで，利用者はやがてチーム以外の既存サービスにも繋がり，私たちの支援から卒業するという経過をたどった。

2　心理職の特技とチームの特性を活かす

　このケースの主担当であった心理職スタッフは，チーム合流前からCBTをしっかり学び，面接で捉えたケースの困難や課題，何より今の状況を何とかしたいともがく気持ちに丁寧に寄り添い，ケースと共にスモールステップを歩むというかかわりをしていた。先に述べたチームの特徴である同行支援の機能もうまく活かし，他機関へ繋がるために何がバリアとなっているのかを自らの目で確かめ，ケースと共有し，どういう工夫でチャレンジするかを一緒に再考する作業を繰り返し行っていた。その過程のなかで，ケースが繋がっていく他機関とも課題を共有し，伴走から次段階へと移行していけるよう，自らの立ち位置を確認することにチーム全体と話しながら取り組んでいた。

　CBTでは，多くは課題に取り組んでもらい，その結果を報告してもらいながら次の取り組み方を検討する。私たちのチームのように，直接的に支援を提供することができれば，目の前で繰り広げられるケースとのかかわりのなかから見えてくる生活上の困難にタイムリーに介入し，使えそうなスキルを差し出してみることで，本当にそのケースにあった支援方法が実感として見えてくる。紹介した心理職スタッフのかかわりは，こういったアウトリーチ支援ならではの良さを活かし，自身の持つ知識を支援に還元するものだった。

VI　包括的ケースマネジメントを行うチームとして

　チーム自体が経験を重ね，またチームに求められる役割も変化していくなかで，若年層の利用者は約35％を占めるほどにもなっている。これら若年層へのかかわりでは，親やきょうだいといった家族だけでなく，学校や子どもを取り巻く支援機関とも関与する機会が増え，チームとしてはより「包括的ケースマネジメントの実践」を意識するようになった。

　私たちのチームでは，アセスメントやケースマネジメント，ストレングスモデルなど，チームに必要な共通知識をチーム内外からコンサルテーションする機会を設けている。どの職種でも，チームとして求める機能に，初めのうちは戸惑いを感じるスタッフも少なくはない。そのなかでは，自身の職種のアイデンティティとは何か，これまで培ってきた専門性は何か，といったさまざまな悩みも聞かれてきた。しかし，目の前で起こるケースの困難に出会うなかで，自分には何ができるのかという視点で，自らの専門性や経験を上手く活用しようとする姿勢に変わっていく。専門性を持つスペシャリストでありつつ，それらを超えなければ支援が停滞する現実に直面し，ジェネラリストとしての在り方に変わっていく。

　私たちのチームに繋がるケースは，精神症状のみならず，複雑化した課題に飲み込まれ，援助希求する力さえ残っていない状況下にある方も多い。だが，そのような状況のなかで，ケースは「生活」している。「生活」を捉えることが，私たちの支援を展開するうえで大事な一歩となる。状況・状

態・環境・制限など，ケースを取り巻くあらゆることに目を向けなければ，「生活」を支えるための地域支援は不十分になってしまう。

VII　おわりに

ある研修で，アウトリーチ支援に携わる心理職の知り合いが，「私たちが出会うケースは，まず目の前で起こっている生活をどうするかなのだ。どうしても心理職は心理を追いたくなる。だけどそれは後からだ」と語っていた。この感覚を共有できる心理職こそ，地域精神保健福祉の現場で，一緒に動けて走れるセラピストだと感じる。

地域精神保健福祉の現場で多職種チームが活動するうえで，「包括的ケースマネジメント」がどの職種においても共通認識となる。少しでも多くの心理職と探求しつづけていきたい価値である。

●文献

厚生労働省（2019）包括的支援マネジメント実践ガイド．厚生労働行政調査推進補助金．障害者政策総合研究事業（精神障害分野）精神障害者の地域生活支援を推進する政策研究（H28－精神－指定－001）．

下平美智代（2021）コミュニティケア—所沢市の精神保健に係る取り組み．臨床心理学 21-3；304-309．

2 「こんな心理職と働きたい！」──多職種のニーズとメッセージ

チームにとけこむパートナー
チームリーダーの視点から

安間尚徳 Naonori Yasuma

医療法人社団順風会 上尾の森診療所

I はじめに

地域精神保健医療福祉において，多職種が連携することは非常に重要である。精神科医や看護師，精神保健福祉士，精神科作業療法士，薬剤師，医療事務など，さまざまな専門家が協力し合いながら，患者やその家族が地域で安心して暮らせるよう支援している。そこに公認心理師や臨床心理士（以下，心理職）も加わり，チームの一員として活躍してきたが，近年はその重要性がさらに高まっていると感じる。

一方で，こうしたチーム医療において「心理的ケア」が十分に位置づけられ，さらに経営面でも持続可能な形で活用されているかというと，必ずしもそうではない。実際の現場では，「心理職を雇用する余裕がない」「診療報酬に直結しないためコスト面で厳しい」といった声が聞かれ，心理職の専門性が十分に活かされていない場面も少なくないのが現状である。

それでも，多くの診療所や病院，社会福祉法人などでは，心理職の専門性を活かして患者の支援の幅を広げようと，日々試行錯誤が続けられている。筆者自身も，地域に根差した精神科診療所を管理する立場として，心理職に大いに期待を寄せる一人である。ただし，現場を維持・発展させるためには，経営的・制度的なハードルが数多く存

在する。それらを乗り越えるには「情熱」だけでなく，「エビデンス」に裏付けられた政策提言が必要だと強く感じている。また，心理職側にも「専門性を掲げるだけでなく，チームの一員としてどのように連携し，どう成果を示すか」を意識してもらいたいと考える。

本稿では，「チームにとけこむパートナー──チームリーダーの視点から」をキーワードに，心理職に対する管理者としての実感や問題意識を述べつつ，地域精神保健医療福祉の現場における心理職の役割，可能性，そして経営的持続性を確保するための課題について考察する。特に，筆者自身が日頃から感じている「心理職への期待」と「制度化が進みにくい現状のジレンマ」，さらに「データを取り，エビデンスを示すこと」の重要性に焦点を当て，議論を深めていきたい。

II 地域精神保健医療福祉における 多職種チーム医療の意義

精神科領域では従来，「多職種チーム医療」が強調されてきた（Whiteford et al., 2017）。症状に対する薬物療法に加え，デイケアや精神科作業療法による生活支援，精神保健福祉士による社会資源を活用したケースマネジメント，看護師による生活面でのフォローなど，多角的なアプローチがなければ長期的な回復や地域定着を促すのは難し

いからである。生活障害を伴いやすい精神疾患の場合，病院や診療所内だけで完結する医療ではなく，地域包括ケアシステムのなかで連携して支援する必要があることは周知の通りである（厚生労働省，2017）。

多職種がそれぞれの専門性を最大限に発揮し，それを持ち寄ることで患者一人ひとりに最適なプランを提供する——この協働のあり方こそ，「多職種チーム医療」の本質といえる（赤穂，2017）。そこで心理職が担うことのできる役割は，外来やデイケアなどでの臨床面接やグループワーク，家族支援，さらにはスタッフ自身のメンタルサポートまで多岐にわたる。精神科医や看護師，精神保健福祉士とは異なる視点からアセスメントを行い，対話や心理療法を通じて患者の内面世界を紐解くことで，支援の質を高められる可能性がある。

しかし同時に，いくら専門性があっても「チームに溶け込む」姿勢がなければ，その力が活かされずに終わってしまうのも事実である。管理者としては，「チームに新たな視点が加わることで，どのようなメリットがあるのか」を全員で共有し，心理職が主体的に活動できる環境を整える責任がある。ただし，いくら受け入れ態勢を整えても，実際には収益に直結しにくい業務が多く，組織の負担が増えてしまうという課題も否めない。そこをいかに打開するかが大きなテーマとなる。

III　管理者として見る心理職の可能性，「チームへの溶け込み」と「新たな視点」の両立

筆者が心理職に最も期待しているのは，医療や福祉の世界で当たり前とされている常識を，改めて問い直してくれるような働きである。もちろん，認知行動療法や対人関係療法などを実施し，患者の回復を促すことは重要な専門的役割である。しかし，それと同じくらい「チームのなかで何が起こっているのか」を客観的に見つめ，必要に応じてスタッフ間のコミュニケーションをファシリテートしてくれることに大きな意義があると感じている。

医療の現場では，急性期対応が優先され，長期的視点が後回しになりがちである。また，患者本人の"語りづらい"問題や家族背景が十分に共有されないまま，対症療法だけが進んでしまうこともある。そこを心理職が細やかに拾い上げ，丁寧に言語化し，他職種に伝えることで，より総合的なアプローチが可能になる。

一方で，心理職の存在が際立ちすぎると「専門的すぎて何をしているかわからない」「自分たちの業務に口を出されている」と誤解を生む恐れもある（中嶋，2017）。だからこそ，「チームに溶け込む」姿勢が重要になる。地域精神保健医療福祉の現場では，日常会話や雑談のなかにこそ，患者の生活情報や潜在的なニーズが隠れていることが少なくない。そうした何気ないやりとりに心理職が自然に加わり，興味・関心をもって接し，ときには専門的知見を織り交ぜながら情報を共有していくことで，チームとしての視点が厚みを増していく。「地に足の着いた専門性」をもって活動してもらえると非常に心強いと感じる。

IV　「チームに溶け込む」ための具体的な取り組み

では，心理職が多職種チームのメンバーとして活動する際，具体的にどのような関わりが望ましいのか。筆者の経験から，以下のポイントが挙げられる。

1　日常の会話や雑談を大切にする

支援のヒントは，何気ない雑談のなかにこそ含まれていることがある。「Aさんは最近，寝つきが悪い」といった情報が，心理職のアセスメントや面接につながるケースは少なくない。スタッフルームやデイケアなどで意識的に顔を合わせ，ラフな雰囲気で情報を共有することで，チーム全体として患者の状況を把握しやすくなる。

2　専門用語だけに頼らず，わかりやすく伝える

心理学の専門用語や理論をそのまま使うと，他職種にとって理解が難しい場合がある。そこで，

日常的な例えや身近な事例を用いて説明し，「なぜこのアプローチが必要なのか」を噛み砕いて共有することが大切である。チームメンバーがイメージしやすい形で提示すると，信頼関係を築きやすくなる。

3　積極的な提案と協働

カウンセリングルームで待っているだけでは，他のスタッフからは「心理職は何をしているのだろう」と思われかねない。新しいグループワークを提案したり，ケース検討の場を企画したり，能動的に動くことで自分の役割が自然と認知され，チーム内での連携が深まる。

4　成功事例を共有し，評価をオープンに

心理職がうまく貢献できた事例があれば，定期的なカンファレンスや院内研究会などで報告し，「どのような背景があり，どんな方法を用いて，何が変化したのか」を具体的に示すことが望ましい。数字や具体的な変化のエピソードを共有することで，「心理職がいるメリット」が他職種にも伝わりやすくなる。

V　地域に出ていく心理職
──保健・福祉機関との連携

医療だけでなく保健や福祉の現場へも，心理職が地域に足を運び，積極的に関わることで，当事者や家族の課題に新たな糸口が見出せる可能性がある。地域精神保健医療福祉では，診療所や病院だけでなく，保健センターや保健所，就労支援施設，グループホーム等の福祉施設，学校やNPOとも連携することが不可欠である。こうした多様な場面で心理職が関わることで，見落とされがちな対人関係やコミュニケーションの問題を心理学的視点から整理し，改善に向けた具体的なアドバイスを提供できる。

たとえば，愛着障害が疑われるケースでは，支援者の当事者との関わり方やコミュニケーションパターンを見直すことで，当事者の不安定な対人関係が改善する可能性がある。また，PTSDなどのトラウマ関連障害においても，地域の支援者に適切な対応方法を示すことで，当事者の二次的な苦痛を防ぎ，専門的な治療へ円滑につなぐための準備が整いやすくなる。さらに，保健師が地域で孤立傾向にある人を見つけた際に，心理職が初期の相談窓口として関わることで，当事者の背景やコミュニケーションの困難さを迅速に把握し，必要に応じて医療や福祉サービスへつなげる道筋を整えやすくなる。

こうした活動は短期的には収益に直結しない場合があるが，地域との連携を深めることで診療所や病院の信頼度が高まり，結果として利用者数の増加や補助金の活用といった新たな機会につながる可能性がある。行政や自治体とのパイプが形成されれば，研究費や事業補助金を活用して新しいプログラムや研究プロジェクトを展開する機会も増えるだろう。心理職が地域に出向くことで，当事者や家族，支援者が抱える問題に対し，従来の医療や福祉の枠組みでは得られなかった視点や手法を導入できる点は，大きな強みといえる。

VI　経営的視点から見る
「このままだと立ち行かない」ジレンマ

心理職の活躍が期待される一方で，「経営的に成り立ちにくい」という構造的な問題も無視できない。現行の医療保険制度では，精神科医や看護師による医療行為が中心とされており，心理職が行うカウンセリングや心理検査は診療報酬へ十分に組み込まれているとは言いがたい。結果として，「診療所として心理職を増やす余力がない」「正規雇用を維持できるほどの収益が見込めない」などの声がしばしば聞かれることになる。

さらに，心理職本人が情熱をもって臨床に携わっていても，正当な待遇が得られず，生活面で苦労するケースがある。せっかくチーム医療に不可欠な専門性をもっていても，実践できる場を見つけられないまま離職してしまう若年層もいる。それでは，組織としても人材育成が滞り，長期的

なチーム力向上が難しくなるだろう。

　こうした課題を解決するには，国や行政に対し診療報酬の見直しを求めたり，心理的ケアの重要性を訴えて予算化を促したりといった制度面でのサポートが必要である。しかし，それらを実現するには時間を要するうえ，ただ待っているだけでは進展しない。そこで大切なのは，「自分たちの取り組みを可視化し，社会に訴えていく」視点である。すなわち，心理職による支援が患者や地域社会にどのように貢献しているかを，エビデンスとして示す必要がある。

VII　データを取り，新たな研究を行い，エビデンスを示すことの意味

　心理職が経営的に評価されるためには，主観的な成功事例だけでなく，客観的なデータを蓄積し提示することが不可欠である。すでに先行研究では，認知行動療法をはじめとする心理学的介入の有効性が示されている分野も多いが，地域精神保健医療福祉の現場に特化した新たなプログラムに関する研究には，なお大きな意義がある。地域の実情に合わせて工夫されたアプローチや多職種連携の形態は一様ではないため，その効果を検証し，社会へ発信する必要があるからだ。

　もちろん，精神科医療の領域では「すべてを数値化できるわけではない」という意見もある。個別性の高い対人援助では，画一的な指標では測りきれない要素が多く含まれるのも事実である。しかし，まったくデータを示さないままでは，政策決定や制度改定の場で十分な議論が行われない可能性がある。費用対効果や社会的還元性がどの程度見込めるのかを，少なくとも一部は数値化して提示することが，組織や人件費を確保するうえでも必要なプロセスといえる。

　筆者自身，過去に「地域精神保健における当事者・家族を交えて考える多職種・多機関連携研修」を実施し，データ収集と効果検証の重要性を強く実感した（安間ほか，2024）。この研修では，当事者や家族，精神科医，看護師，精神保健福祉士，

心理職，行政職員，研究者などが協力し，地域の課題に基づいた事例検討や，地域資源を整理するツールの使い方などを学んだ。研修前後で「地域連携尺度」を用いた量的評価を行ったところ，支援者や行政職員のスコアに有意な上昇が見られ，自由記述でも「当事者の声が加わったことで新たな視点を得られた」「実際の支援にすぐ活かせるツールを学べた」などの肯定的意見が多く寄せられた。その一方で「参加者が多く，意見交換の時間が十分に取れなかった」といった課題も明らかになり，今後のプログラム改善につながる貴重な情報となった。

　このように，研修やプログラムを実施する際には，定量的・定性的なデータの両面を収集し，学会や自治体，地域社会に向けて広く発信することが，多職種・多機関連携の意義をより広く伝えるうえでも有効である。心理職の介入においても同様で，認知行動療法や家族支援などが患者の回復や地域生活の安定にどの程度寄与するのかを示すことで，制度改定や新たな公的支援獲得の可能性が高まると考えられる。

VIII　今後の展望と課題
──エビデンスと情熱の両立

　少子高齢化，地域社会におけるつながりの希薄化，家族の在り方の変化など，現代社会が抱えるさまざまな課題によって，こころの病も多様化している。うつ病，不安障害，発達障害，物質使用障害，双極性障害，統合失調症，認知症などの精神疾患に加え，不登校，ひきこもり，8050問題，虐待，家庭内暴力，自殺など，社会的問題とも深く関係している。その結果，地域精神保健医療福祉に求められる役割は拡大しており，多様な課題に対応する必要がある。このような状況下で，心理職が活躍できる場も広がっているといえる。

　一方で，活躍の場が広がるほど，制度的な裏付けと経営的な持続力の確保が欠かせなくなる。心理職がチームに深く入り込めば入り込むほど，人件費や活動コストをどのように確保し，どのよう

に評価するかという課題に直面することになる。熱意や使命感だけでカバーするには限界がある。

だからこそ，データの蓄積と活用が不可欠である。多職種との連携で得られた成果や，心理職がもたらした具体的な変化を定量的・定性的に示し，学会や行政，地域社会に向けて情報を発信することで，社会的評価を高め，診療報酬や公的支援という形で還元されれば，現場が持続可能なものとなる。すなわち，「エビデンスを示しつつ，情熱をもって提案する」ことが重要なのである。

IX 結びに——チームを率いる者として

本稿では，「チームにとけこむパートナー——チームリーダーの視点から」というテーマを踏まえ，地域精神保健医療福祉における心理職の役割を整理した。筆者自身，管理者として多職種と協働するなかで，心理職の専門性に大きな可能性を感じている。しかし，現行の制度や経営環境では，心理職が十分に力を発揮できない場面も少なくない。

それでも，一人でも多くの心理職が「チームに溶け込みながら，専門性を活かして新しい風を吹き込む」ような働き方をすれば，現場の雰囲気は着実に変わっていくはずである。そして，その成果を見える形にし，社会へ向けて発信し続けることで，いずれ「心理職にも十分な報酬が保証され

る」「安心して長く働ける」環境が整う未来が訪れると信じている。

結びに，本特集号が地域精神保健医療福祉における多職種チームアプローチのさらなる発展や，心理職の専門性・価値を改めて考える機会となることを期待する。本稿が，その一助となれば幸いである。

●文献

赤穂理絵 (2017) 総合病院精神医学における心理職への期待と養成教育への要望—精神科医の立場から．総合病院精神医学 29-3；222-228.

厚生労働省 (2017) 精神障害にも対応した地域包括ケアシステム構築のための手引き．厚生労働省 (https://www.mhlw-houkatsucare-ikou.jp/index.html [2025年2月28日閲覧]).

中嶋義文 (2017) 公認心理師に求められるもの——一般医療領域で働く心理専門職のために．精神神経学雑誌 119-2；98-104.

Whiteford H, Buckingham B, Harris M et al. (2017) Estimating the number of adults with severe and persistent mental illness who have complex, multi-agency needs. The Australian and New Zealand journal of psychiatry 51-8；799-809.

安間尚徳, 塩澤拓亮, 川口敬之ほか (2024) 地域精神保健における当事者・家族を交えた多職種・多機関連携研修の開発と実施可能性に関する研究—前後比較試験による検討．第31回日本精神障害者リハビリテーション学会 (2024年12月15日).

❷ 「こんな心理職と働きたい！」──多職種のニーズとメッセージ

当事者目線の「理想の心理職」

ピアスタッフの声

彼谷哲志 Satoshi Kaya

特定非営利活動法人あすなろ・主任相談支援専門員

I　理想の心理職？ それとも当事者目線に立てる心理職？

当事者目線の「理想の心理職」という活字を見て，これを読まれている皆さんはどのような意味を想像したでしょうか？

私の頭に浮かんだのは，精神障害の当事者にとっての理想の心理職という意味でした。たとえば，某生命保険会社が毎年発表している新社会人が選ぶ「理想の上司」のようなもの。2025年春の新社会人に聞いた理想の男性上司の1位はタレントの内村光良さん，2位は大谷翔平さんだったとか。理想の心理職に当てはまりそうな有名人がいるとしたら誰が思い浮かぶでしょうか。

当事者目線の「理想の心理職」という言葉からは，当事者の目線に立って考えられる，当事者の視点に立てる心理職を思い浮かべることもできそうです。心理職が相談者の目線に立つためには，相手の置かれている立場や状況を積極的に想像することが欠かせないように思われて，当事者目線をもって仕事ができる心理職はそれなりの努力の賜物だろうと想像します。

II　私について

私について心理職との関係性で分類すると，①精神疾患があり，心理職から支援を受ける立場，②心理職と連携・協働して対人支援を行う立場，③精神保健の領域で心理職と研究を行う立場を持っています。それぞれ順に説明していきましょう。

①精神疾患のある当事者としての私。10代の頃からメンタルヘルスが不安定で，高校を中退，大学を留年しました。社会人として働いているときに精神科を受診し，人生の半分を精神科とつきあっている中年です。分かりやすいエピソードを3つ挙げると，休職や転職を繰り返していて，会社を退職するときに対面で挨拶して会社を去ったことが1回しかありません。今の仕事は休職することなく続けられています。ひきこもりの時期が数年あり，当時は人と会うことがとても怖く感じられて，祖母の葬儀に参列できなかった苦い経験がありました。また，サッカーW杯のサポーターに怖い思い記憶があって，W杯の時期になると過呼吸になりやすいというトラウマ的な症状があります。

②精神障害のある人を支援するNPO法人に勤めており，兵庫県三田市が設置している「障害者総合相談窓口きいてネット」の主任相談支援専門員として働いています。自助グループの活動をしていた頃に，当事者の経験や立場を活かして働けないだろうかと考え，相談支援事業所に就職しました。法人の職員のうち半数弱は当事者です。職場にはもっぱら地域移行支援に従事するピアサポー

ターが配置されていますが，私はピアサポーターとは名乗っていません。あえて分類するならばピアスタッフでしょうか。

③精神保健の領域で研究者と一緒に仕事をすることがあります。厚生労働省の研究班に参加するほか，いくつかの共同研究にも協力している立場です。

もしもの話ですが，体調が悪くなって活動に優先順位をつけるならば，③の研究協力を最初に見直すことになり，②は生計手段であるからできるだけがんばろうとするでしょう。①の当事者としての立場は最後まで残るものです。仕事を辞めて，当事者のコミュニティで仲間と過ごす時間が多くなったとしても，仲間に申し開きできないことはしないという思いで②と③の活動にも取り組んでいます。実際にはその時になってみないと分からないでしょうけれども。

III　ピアスタッフ／ピアサポーター

日本の精神保健の領域では，ピアサポートの活動を行う人たちが広くピアサポーターと呼ばれています。法令上ピアサポーターの定義はありません。誰でも名乗って使える幅広い言葉です。

ピアサポーター活動のあり方は3つに分類できます。①セルフヘルプグループなどの場面で，無償で自然発生的に行われる相互のサポートの活動。②都度謝金が支払われる有償ボランティア，プログラム運営や体験談の提供など。③雇用契約に基づく職業としてのピアサポート活動は，事業所の職員として雇用され，サービス提供を職業として行う活動です。

令和3（2021）年の障害福祉サービス等報酬改定において「ピアサポート体制加算」と「ピアサポート実施加算」が創設されました。体制加算は相談支援事業所においてピアサポーターと管理者等が，都道府県等の実施する障害者ピアサポート研修を受講し，ピアサポーターが常勤換算で0.5人以上配置されることなどを要件としています。職員として雇用されて働くピアサポーターを要件と

しており，上の分類では③に当たります。

心理職にとって，②③の活動に従事するピアサポーターは，当事者ではありますがクライアントではなく，連携する支援者の一人です。

IV　精神科入院のエピソード

精神科病院に入院した経験があります。業界の水準からすれば開放的な精神科病院でした。治療共同体を意識した集団精神療法のミーティングが行われていましたし，看護師に決められた制服がなく，Tシャツの看護師さんもいれば，自分で選んだナース服を着ている人もいるといった具合でした。

看護師さんに聴いてもらった当時のことを，相手の表情や話題も含めて今でも思い出すことができます。当時の家庭での悩みなどをたびたび相談していました。看護師さんが自身の人間関係についての悩みを自己開示してくれたことも印象に残っています。私には，話を聴いてもらって本当に心の底から良かったという経験が人生に何回かあるのですが，ひとつは入院中の看護師さんによるものでした。

念のため補足すると，忙しそうに病棟を駆け回る看護師をつかまえて話を聴いてもらうスキルという言葉を考えついたくらいですから，いつでも話を聴いてもらえるわけではありません。看護師さんが忙しそうにしているとき，自分でできる対処が役に立ちました。ちょっとしたイライラはハーブティーで一息つくだけでも落ち着きやすいですし，気持ちがヤバいときには大好きなミルクティーを飲むようにしていました。

支援者に放置された，尊重されていないと患者に思わせてしまうことは避けるべきですが，自分でどのような対処ができるかを考えられることも大切だと経験的に感じています。私は入院中に心理職のサポートを受けた記憶がなく，話を聴いてもらうというエピソードを紹介したかったので，看護師に登場してもらいました。

一方で，その親切な看護師さんたちが強制的な

服薬にも従事していることは，今でも気持ちの整理がつきません。食後の配薬の時間に，患者にコップを持ってナースステーションの前に並ばせて，看護師さんが薬を手渡して，その場で薬を飲むことを確認していました。錠剤のままで手渡されたので，薬剤の種類，名前も分からないまま飲むしかありませんでした。薬を自分の意志で飲む人も，薬を飲みたくない人もひとまとめにして，飲まないかもしれない人たちとして取り扱い，説明なしの投薬というあり得ないことをしていました。当時の精神科では珍しいことではなかったと思います。

そのことがショックだったからか，私は複数の錠剤を一つの包みにまとめてもらう一包化に抵抗感があります。医療従事者から錠剤だけを渡されることを想像すると当時の嫌な気持ちが頭をよぎるのです。

心理職は，医師や看護師と比べると患者を管理する役割を担っていないと思います。たとえば，閉鎖処遇や行動制限など，病棟や保護室に閉じ込め，人を縛る役割はありません。しかし，心理職は，直接手を下さないからといっても，病院の職員でもあって，広いくくりでは精神保健という仕組みで働いている専門職です。強制的な，あるいは強制的でなくてもパワーを行使するような医療について敏感でいてもらえると，当事者としてはありがたいと思っています。

Ⅴ 心理職のサポートを受けた経験から考える 一緒に働きたい心理職

クライアントとして心理職にサポートを受けた経験は，自分が発達障害かどうかを知りたいという動機から発達障害の専門機関を利用したときのことでした。その専門機関は，IQの数値をそのまま開示しない方針でしたから，検査の報告書では私の特性の傾向は文章で記述されていました（数値に関しては平均の上くらい，やや苦手などの表現でした）。細かな数値に一喜一憂せずに済んだので，望ましい対応だったと思います。各項目間で

の差は大きいようでしたが，診断を強く勧められることはなく，自分も医師の診断を求めることはしませんでした。すでに障害者手帳を所持していて，福祉的な支援を利用できていた点も考慮されたようです。

自分に対する双極症の診断への違和感は取り立ててなく，服薬している薬も自分に合っていました。自分の特性が指し示されているのであれば，発達障害と診断されてもされなくても，これから取り組むことや対処法は変わりません。診断そのものよりも，自分を知り，これからどうするかを参考にできたことがとても良かったと思っています。

同じ人を別の医師が診て，診断名が異なることは珍しくありません。「現在の医学では」「この医師は」このように診断している，くらいに思っておかないと当事者は専門家や病名にふりまわされてしまいます。治療のツールでしかないはずの診断が独り歩きしやすいことは，意識しておきたいと思います。

ちなみに，検査で分かったことのひとつに，耳からの記憶を保持することが苦手で，聞き逃しが多いと予想されることでした。話を聞くことを仕事にしていくのに，聞き漏れが多いことは致命的だと落ち込みましたが，改善できないのであればと確実にメモを取る戦術を取りました。面談では相談者が分かるようにA4の用紙に大きめの字や図を書いてメモを取るようにしています（ホワイトボードの板書のようなイメージです）。相手がメモの内容を訂正してくれることもあるくらいで，かえってお互いの認識にズレが生じづらく，コミュニケーション面で助かることもときどきあります。発達検査をうまく活用できた例だと後から思いました。

その後も相談を数年間継続し，自分の体調や気分の波をグラフに可視化できたことは大きな収穫でした。疲れ具合をグラフにしてみてはどうか，との提案を受けて，身体的な疲れ，精神的な疲れ，抑うつ度合いを数値化して表計算ソフトに記録し，

毎月の面談のなかで数値と日々の生活でのイベントを照らし合わせる作業をしばらく続けました。

分析してみると身体的な疲れと抑うつがある程度相関していることが分かりました。どうやら，忙しい時期が過ぎて緊張感が取れると抑うつになりやすい傾向があるようでした。平日の仕事では問題なくても週末にネガティブ思考になり，目眩や吐き気があることが当たり前でしたから，なるほどと思いました。そこから，身体的な疲れが続く期間から未来の抑うつの深刻さと期間をある程度予測できるようになりました。抑うつに見舞われるとつらいですが，うつは必ず来るのだから，必要以上に抑うつを恐れることなく行動できるようになり，自分をコントロールできる感覚を持てたことは大きな転機でした。

精神科医の診察は5分くらい，長くても15分程度です。日々の体調をじっくり相談することは無理があるでしょう。ソーシャルワーカーの相談員はどちらかといえば体調面を掘り下げず，当たりさわりのないアドバイスになりがちだと感じています。日々の生活と体調の変化を継続して見ていく方法は，心理職だからできたかもしれません。

心理職に期待したい点は，私が受けたサポートから感じるところでは，障害や診断にこだわらない，具体的な対処を考えてくれる，体調の可視化などを通じて体調を自己管理できるように助けてくれる，などが浮かびます。心理でも違うジャンル，たとえば精神分析のような療法を受けた人は，心理職に私とは別の期待を抱くのではないでしょうか。

VI　心理職との連携

心理職と連携する場面は決して多くないだろうと考えていましたが，連携する専門職のなかで心理職が占める割合はざっくり計算すると5％くらいでした。意外に多かった，という感想です。

主な場面は，①発達検査，②精神科病院でのプログラム，③地域でのプログラムです。

①発達検査を受ける利用者がときどきいます。検査結果について心理職も分かりやすく伝える工夫をされていると思いますが，本人との間でずれが生じやすいと感じています。小学生くらいの知能だと言われた，と怒る人がいました。小学生低学年程度の発達と書かれていた報告書を見たことがあります。IQの数値でその人を推し量ることができるのはほんの一部のはずですが，そのような言われ方をしてしまうと，自分という全部が劣っていると受け止めかねません。発達検査自体や結果をどのように本人に説明していくかについて，数値の開示も含めて，業界として工夫に取り組んでほしいところです。

②定期的に精神科病院を訪問し，入院者を対象にした地域での生活を知ってもらうプログラムを行っています。いわゆる退院への意欲喚起を目的とした事業です。いくつかの精神科病院を訪れているので，平均すると週1回以上の頻度で精神科病院に行き，入院者と関わる機会があります。プログラムに関わる病院職員は，精神保健福祉士や作業療法士が主ですが，ときどき心理職の方が参加されることがあります。直接に連携する機会がまだまだ少ないので，模索できればと思っているところです。

③最近，多機関の心理職や福祉専門職と協働で，ひきこもりの子どもを持つ親のためのCRAFTプログラムを実施しました。CRAFTは以前から興味があったのでありがたい機会でした。私自身のひきこもりの経験からしても納得のいく内容でした。ただ，行動分析などの心理的な手法を用いるために，場が治療的な関わりになると感じました。悪い意味ではなく，そのような性質のものだと思います。

VII　自己開示

プログラムに参加して，あらためて自分の面談でのスタイルが心理職の方とは少し違うことに気づきました。「あなたのお話を聴いて，自分のなかでのこのような経験を思い出しました」「あなたの困りごとを聴いて，最近あった自分の困りごとと

この点で似ているかもしれません，解決策はないのですが，似ているところがあって考えるヒントになりそうですか？」。このような感じでお互いが自己開示を繰り返すような手法を取ることがあります。

　私の経験を提示することでやり取りが迂遠になりますが，私の自己開示したエピソードが鏡になって相談者が自分について気づきやすいのではないか，と推測しています。会話の文脈にあわせて自分の過去や今の生活から短時間でエピソードを拾い集めることはかなりの神経を使いますし，決して楽ではありませんが，双方向の感覚は得がたいものがあります。

　私が出会った心理職の方の多くは自己開示をほとんどせずに，自己開示をしたとしてもその場での気持ちは返すものの，自身の経験を返すことは少ないように感じています。どちらかといえば，相談者の状況が具体的になるように絞り込む質問をしています。自己開示が自分を鏡にすることで相手の気づきを促すならば，状況を具体的にしていく方法は光で照らすような感覚かもしれません。どちらが正解という話でもなく，どちらも効果的に使えると良いのだろうと思います。

　とはいえ，自己開示であれ，状況を具体化するアプローチであれ，相手の目線から外れていれば残念なことです。どちらのアプローチであっても，当事者目線であるためには研鑽が欠かせないという当たり前の結論で本稿を締めたいと思います。

❸ 事例で読み解く地域精神保健福祉①──連携のバイプレイヤーたちの物語

スクールカウンセリングにおける多職種協働，外部機関連携

小堀彩子 Ayako Kohori

大正大学

I　はじめに

　今の私が心理職として多少とも使い物になっているのは，ひとえに現場や時代に育ててもらったおかげだ。心理職への世間からの期待が上向きの時期に，多様な経験が得られる場と人に恵まれた。これら時代や場は後から真似のできない要素ではある。しかしその環境のなかで，私がどのように思考し，振る舞ったのかをなるべく丁寧に記述することで，学校での地域支援の視点の提供を目指したい。なお，事例はプライバシー保護のために本質を損なわない程度に改変している。

II　私が新米SCだった頃

　私が初めて専門家として学校現場に入ったのは博士課程1年のときである。臨床心理士の資格は取得見込みの状態であった。公認心理師という専門職資格はまだなかった。私はA小学校専属のスクールカウンセラー（School Counselor：以下，SC）で，週1回7時間の勤務であった。A小学校は従来見られなかった類の保護者や児童の問題行動が増加したため，その年初めてSC配置を希望した。

　初日は，同じ学区の中学校への挨拶と小学校の相談室の整備，教室の巡回を行った。SCの世話役は女性の教頭で，年間を通してたくさんの世話を焼いてくれた。教頭から学校備品や消耗品のカタログを渡され，発注の依頼先である事務室へも顔を出した。そんな矢先，6年生のクラスから，中年男性担任が児童にお腹を殴られたという連絡が入り，急遽現場へ駆けつけた。同児童の担任への暴行は3度目だった。児童は他の男性教諭に落ち着くよう諭されていた。殴られた担任の目は涙ぐみ，「こうした場面に，教師は耐えるべきです……」と呟いていた。新米SCの私は，中年男性が涙ぐむ状況に面くらい，また耐えるべきとの発言に違和感を覚えた。しかし適切な対応が思いつくわけでもなく，「大丈夫ですか」とありきたりな声がけしかできなかった。

　しばらくして今度は2年生のクラスの男児が教室を抜け出したという連絡が入り，手の空いている若手教員と私が男児を追いかけた。男児は突然始まった鬼ごっこに歓喜し，笑顔で校門付近を走った。これは行動療法の授業で習ったよくない強化の例そのものだと考えながら，どうにか彼に追いついた。男児と教室に戻るとクラスは雑然としていて，若い女性教諭が浮かない顔で授業を進行していた。その後私は6年生の教室で女子グループに混ざって給食を食べた。昼以降は子ども同士の喧嘩の最中に机を投げた5年生男児がいたり，不登校2年目に突入した6年生女子がふらりと私の顔を見に来たりした。A小学校では暴言暴力で自

己主張をすることに関して，子どもたちの敷居がいくらか低くなっているように見えた。

児童が帰宅してからは管理職と校長室で話をし，学校で問題となっている児童と保護者について説明を受けた。校庭でかけっこをした小2男児のクラス担任は20歳代後半の女性で，昨年度から学級経営がうまくいっておらず，自信喪失気味だった。男児の母親はまだ子どもの問題を受け止めきれていなかった。暴力を振るった小6男児の両親は男児に手を焼き，彼に受容的ではなかった。その分，学校では彼を受け止めるようにしていた。「教師は耐えるべき」という担任の言葉の背景の一端が理解できた。

さらに，最近最も対応に困っている一人は4年生男児とその母親であるという。男児はいわゆるキレやすい子どもで母親も同じ行動傾向があった。その上，学校への不満を訴えて教育委員会に何度も電話をしている。しかし主訴が明確ではないため，学校も教育委員会も母親と建設的な話し合いができず困っていた。母親は0歳児を抱えており暮らしぶりも気になることから，学校は家庭訪問を検討していた。私は教頭から後日その同行をするよう依頼されて実施した。難易度の高い保護者の家庭訪問を新米SCに依頼してくださった先生方の，心理職に対する信頼と若手を育成する姿勢には今でも感謝をしている。なおSCによる家庭訪問の是非については，教育相談等に関する調査研究協力者会議（2015）などを参照されたい。

帰りの電車のなかで私は途方に暮れた。私は教員免許も取得しており多少は学校現場に詳しい若手という自負があった。しかし今まで習ってきた面接室での一対一のカウンセリング技術と学校現場に関する経験では立ち行かないのは明白だった。

第一に，週1回しか学校に滞在していないSC単体では多くの問題は解決し得ず，教師や保護者など日常的に児童を取り巻く他の大人なしに事態は動かないことを痛感した。子どもたちの問題は家庭や学校など日常の環境との相互作用のなかで起きていることを目の当たりにしたからこそその気づきであった。彼らの日常に埋め込まれ切っていないSCができることといえば，自らの専門性に基づき彼らが気づきにくい視点を提供することである。例えばそれは教室や家庭で起こっている悪循環を観察してその問題の成り立ちを大人たちに説明したり，代わりとなるより適切な行動や状態に至るための手がかりや仕掛けについて提案したりすることである。

第二に，SCが学校で大いに浮いていることを実感した。ほぼ誰も私の仕事が何であるかを正確には知らないし，私自身でさえ学校でどのように専門性を発揮していいのかは不明確だった。その上，教科指導で子どもたちや仲間の教師とつながる術はない。それどころか評価や集団の和を重んずるといった教育の側面から一旦距離を置く必要さえある。つくづく学校の常識の外にいるような感覚を持った。後日，こうしたSCの独自性は「外部性」という言葉で表現されていることを知った。一方で子どもからの暴力を受けて耐え忍ぶ教師の姿に違和感を覚えた自分の感覚は，学校の常識の外にいるからこそであろうとも思った。この違和感を教師にどう伝えたら良いかはわからなかったが，教師が我慢しさえすれば良いという価値観は健康とは言いがたいと感じた。こうした教師の自己犠牲的なメンタリティについては，だいぶ後になって論文化した（小堀，2016，2020）。

要するに，SC初着任のこの学校では，①自分で自分の仕事の枠組みを組み立て，それを他の人たちに説明するというシステム構築業務と，②外部性を活かした新たな視点の提供者としての業務が求められていると思われた。

III　専門性を確立する上で手がかりとしたもの

以上が私の心理職としての勤務経験の初日であり原点である。心理職一人では圧倒的に無力という経験が，他職種との積極的な協働を基本としつつ心理職としての専門性の発揮のしどころを考えて振る舞うスタイルの形成を自然と促進してくれた。その後の私は，悪循環の観察スキルとそれに基

づいた提案スキルを上げるために行動を分析する必要があると考え，それならば行動分析学だと素朴に発想し，杉山ほか（1998）の書籍を購入した。この本の良いところは事例がふんだんに書かれていることである。教室で起こっている出来事と類似した事例はないかと探し，解決策の手がかりとした。以降，私の臨床上の志向性は行動療法よりの認知行動療法（Cognitive Behavior Therapy：以下，CBT）となった。新米SCに対し，好むと好まざるとにかかわらず現場ですぐに使える方法を提供してくれたのがCBTだったからである。また精神医学や異常心理学の知識も不可避と考え，暇があればAmerican Psychiatric Association（2004）によるDSM-IV-TRやデビソン・ニール（1998）の『異常心理学』を手に取って，今起こっている子どもの問題に名前をつけるとしたらどれになるのだろうと考えていた。なおSC活動のなかでCBTを活用することに関しては小堀・神村（2015）において不登校を例に考察している。

IV　教育困難校での経験

次は，発達障害という言葉が浸透し，サポート校の存在が周知され，スクールソーシャルワーカー（School Social Worker：以下，SSW）という新たな専門職が登場してからの話である。私の本務は大学教員であったが，週1回教育困難校のSCとして勤務していた。生徒は，家庭の経済状況が良好とはいえない者や不登校歴の長い者が大半であった。SC導入歴も長い学校で活用にも慣れていた。私はベテランSCから引き継ぐ形でB高校に着任した。先生方は百戦錬磨で，プロ意識が高く落ち着いていた。私は年間を通じ，SCの5本柱（黒沢，2002）──①カウンセリング，②コンサルテーション，③心理教育，④危機介入，⑤システム構築──の活動を，「40:40:10:5:5」くらいの比率で行っていた。④は自傷行為の対応が主だった。①や②で扱う問題は，不登校，発達障害，依存症，親子関係，友人関係，うつ病や統合失調症との折り合いの付け方，進路の問題などが多かっ

た。教職員間の不和への介入なども行うこともあり，学校全体がSCを信頼していた。

高校の難しさは単位制である点だ。規定の出席日数と学業成績を満たさなければ，単位が取得できず，進級や修了に至らない。1限目の授業や体育の授業，苦手な先生が担当の授業，月曜日や金曜日など週の初めや終わりの曜日にある授業などは，いろいろな背景を抱えながら登校する生徒にとって出席することが難しく単位を落としやすかった。「辛い授業がある日はそれを上回る楽しみが学校にないと行く元気が出ない」といった類の発言がしばしば生徒から聞かれた。それがたまたまSCの勤務している日であれば，多少は楽しい活動を相談室のなかで準備できる場合もあったが，本務との兼ね合いで出勤できる曜日はほぼ決まっていた。SCが常勤職になればこの種の悩みは確実に減る。SCの外部性を保つ上で非常勤という雇用形態に意味があるという主張があるが，筆者はその意見に後ろ向きである。安定した雇用形態が保障されない職場に優秀な人材は定着しない。SCがフルタイム勤務でない点は，安定した良質な支援の提供の大きな障壁となっている可能性が高い。

また，互いに多忙ななかで情報の伝達ミスを防ぐため，筆者は，相談室に来た生徒と保護者の情報について，彼らに許可を得た上で教頭，養護教諭，担任の三者に，情報を記録した用紙を渡した。自傷行為，やや重い精神疾患，保護観察処分中など，自傷他害リスクが高い事例の多いなかで，専門家としてどのような根拠でどのような支援を提供したのかを記録に残し，常に学校側と共有しておくことが，予期せぬ事態が生じたときに自分の身を守る上で重要だと考えた。専門活動に関する記録の残し方への意識が高まったのは，私がいじめの重大事態が起きた学校に対して，いじめの背景やその後の学校の対応などを調査して再発予防の観点から提言をする第三者委員を何度か務めたことが大きい。重大事態が起きた学校は，対応に関する記録の管理が必ずしも良好とはいえず，適切な対応をしたかどうかの根拠に乏しい場合が多かった。

V　多職種が協働した困難事例

　最も多くの専門家が連携した事例は，4人の子どもと父母が暮らす貧困家庭で，父親はアルコール依存症，母親は自傷行為を繰り返す傾向があった。長男はおそらく統合失調症，高校生の長女はいわゆるヤングケアラー，二女は小学生，三女は乳児であった。両親に代わり，成人した長女が育児と炊事洗濯を引き受けていた。父親は泥酔状態で警察の世話によくなっていたが家庭内暴力はなかった。母親は引きこもりがちで近所の買い物さえ回避気味だった。不登校気味の二女の担任が家庭訪問に来るたび母親が不穏になることから，長女は家庭訪問を嫌がった。この環境で落ち着いて学業に専念できるはずもなく，長女は単位不足で退学の危機だった。彼女は3年間こうした家庭状況を話せずにいたが，4年目の担任と相性が良く，家庭の事情を伝えることができた。これらの情報は直ちに管理職と養護教諭，SCに伝えられ，すぐに校内の連携支援体制が組まれた。養護教諭が妹の小学校に連絡を取ったところ，家庭の状況はほぼ把握していなかった。高校から児童相談所にも相談したが，目立った虐待やネグレクトが見出せないため対応は困難であった。

　そこで二女の小学校を集合場所として，小学校の教頭，担任，養護教諭，SC，地域の保健師，民生委員，SSW，警察，そして高校の養護教諭とSCが集まって情報を共有した。母親は保護者会や三女の乳児検診に顔を出しておらず，民生委員や保健師，小学校の学級担任の家庭訪問へ応答することは少なかった。また生活保護の申請にも否定的だった。小学生の二女は不登校気味だが相談の動機は低かった。長男の情報はほぼなかった。

　以上より目下の課題は，長女が少しでも学業に専念できるための体制づくりで，母親が支援者と繋がるための調整を丁寧に行うことになった。しかしここで小学校SCや教諭が登場すると，養育放棄気味の母親の罪悪感を刺激し長女に負担がいきかねない。また長女が家庭内スパイであると母親から認識されることを避けるため，高校SCや教諭と母親が交流することも避けたほうが良いとの結論に至った。そこでこれまで登場したことのないSSWが二女に母親宛の手紙を託し，小学校もしくは電話にて生活保護の提案を含めた話し合いの提案をすることになった。しかしこれまでの経緯を踏まえると，SSWが母親から敵意を向けられる可能性が容易に想像できた。SSWは明らかに損な役回りであったが自分以外は担えないと，この役割を引き受けた。

　このように本来SCの連携相手であるはずの父母が機能していないと支援の難易度は一気に上がる。児童生徒が心理的な問題を抱えている場合，本来学校は保護者（この事例では長女は成人していることから保証人）である父母に報告をする必要がある。しかし父母に余裕がない場合，児童生徒の問題を伝えることがかえって子どもたちの家庭での居心地を悪くさせる。本事例ではないが，長女が通うB高校では生徒の自傷行為に関して，家庭の状況を踏まえ，学校の大人たちだけで見守るという方針を採用することが少なからずあった。これは教職員間での信頼関係と覚悟なしには実現し得ないものであった。

　学校臨床においては，児童生徒の一番の専門家である保護者の連携なしでは解決の速度が極端に遅くなる場合が多い。保護者の相談に対する準備性がどの程度であるかを見積もることで，事例のその後をある程度予測することができる。

VI　事例のその後

　SSWを窓口として，家族を社会的資源に繋ぐための働きかけが牛歩のごとく進んでいったが，簡単には長女の負担は減らなかった。エネルギーが切れ気味の長女に対し，担任は単位が出せる限界の出席回数の算出をして伝え，各教科の担当者に長女への日々の声がけを依頼した。休み時間には保健室で過ごして体の疲れを癒すことを促し，SCの出勤日には困りごとに関する話題だけでなく，趣味の話など，長女が羽を伸ばせる時間を過

ごせる配慮をした。面接中に担任が立ち寄ることもあった。さらに大学の学習支援ボランティアの枠組みを利用して，SCの研究室に所属する学生の派遣も行った。メンターのような存在として，学業の支援だけでなく身近な相談相手として活用した。また筆者はSSWとも頻繁に連絡を取った。予想通り電話口の母親から否定的感情を向けられており，少しでもその負担が軽くなればとしばしばSSWの話を聞いて労った。高校SCと母親の交流は最後までなかった。何かの拍子に長女が相談室を利用していることが判明し，母親とSCや高校側とトラブルになる可能性は予想できたが，そのリスクを含めて皆が一丸となって方針を固めて支援をした。多職種，多機関と連携したことで，SCは長女の安全基地を提供する役割に徹することができた。最終的に家族は生活保護を受けることとなり，夕飯抜きの日は大幅に減り，水道やガスが止まることもなくなった。卒業可能性がみえてきた段階では，卒後の居場所の確保のために，若者サポートステーションの心理職にもつないだ。

　皆が祈るような気持ちで彼女の登校を見守っていた。そして在籍が許される最後の年度に，彼女は無事に卒業を果たした。

VII　おわりに

　初学者の読者を念頭に，日々自分の無知や経験不足と格闘していた新米の頃の経験を赤裸々に綴ってみた。今では初学者向けのSC関連書籍が多数出版されているし，大学のカリキュラムも学派によらない職域ごとの解説が大幅に増えている。昔よりも容易に良質な情報にアクセスできることを羨ましく思う一方で，学生たちを見ていると，目の前の課題をこなすことに手一杯で，自分の好みや必要性に応じて能動的に情報を求める機会が

減っているようにも見える。またSCの制度が定着した利点の一方で，創意工夫をして柔軟に活動を展開するというより，すでにあるものを安定的に運営することに重きが置かれている場合も多い。とはいえ，不登校は依然として増加の一途をたどり，「学校は行くものである」という前提が日増しに揺らいでいる。学校自体が制度疲労を起こしており，次の一手を模索する段階に来ているという指摘も多い（汐見，2013；斎藤，2022）。先が読めない今だからこそ，意欲的に新しい情報に触れたり他職種との協働に取り組んだりして，時代を作ることのできる心理職を目指してもらいたい。

●文献

American Psychiatric Association［髙橋三郎，大野裕，染矢俊幸 訳］（2004）DSM-IV-TR 精神疾患の診断・統計マニュアル 新訂版．医学書院．

G・C・デビソン，J・M・ニール［村瀬孝雄 監訳］（1998）異常心理学．誠信書房．

小堀彩子（2016）バーンアウトの視点から，教師の子ども対応，保護者対応を考える．教育と医学 64-1；18-25．

小堀彩子（2020）バーンアウトをいかに防ぐか．精神療法 46-6；811-812．

小堀彩子，神村栄一（2015）スクールカウンセリングにおける認知行動療法の活用．精神療法 41-2；210-215．

黒沢幸子（2002）指導援助に役立つスクールカウンセリング・ワークブック．金子書房．

教育相談等に関する調査研究協力者会議（2015）教育相談等に関する調査研究協力者会議（平成27年12月4日〜）第5回議事要旨（https://www.mext.go.jp/b_menu/shingi/chousa/shotou/120/gijiroku/1384505.htm［2025年3月1日閲覧］）．

斎藤環（2022）コロナ禍で知った ひきこもり状態を「楽園」と言えますか？．朝日新聞DIGITAL（https://www.asahi.com/ads/hikikomori-voice-station/article/03/［2025年3月1日閲覧］）．

汐見稔幸（2013）本当は怖い小学一年生．ポプラ社．

杉山尚子，島宗理，佐藤方哉ほか（1998）行動分析学入門．産業図書．

❸ 事例で読み解く地域精神保健福祉①―─連携のバイプレイヤーたちの物語

周産期・母子支援と連携のネット

藤澤真莉 Mari Fujisawa

妊娠産後メンタル相談室マリー

I 「切れ目のない支援」に潜む「人の切れ目」

周産期メンタルヘルスの問題や社会的困難を抱える妊産婦と子どもを支えるのに，多職種・多機関の連携は必須である。2020年以降，妊産婦死亡の原因は自殺が最も多く，そのリスク因子は家族やパートナーとの問題，身体的な不調，児の異常や入院，不安が挙げられている（日本産婦人科医会，2023）。このリスク因子を見ても，さまざまな立場の専門職が連携して関わる必要性があるのは言うまでもないだろう。一方，妊産婦の視点に立った時，妊娠中から育児期の間に数々の専門職に会う機会はあるのだが，その中で，信頼関係を築けた出会いはどれくらいあっただろうか。自分の悩みや家庭内の問題を，誰にどのように話したらよいのかがわからない，そもそも困りごとを話す発想を持たないまま過ごしている人はまだまだ多いだろう。

「切れ目のない支援」とは，制度に切れ目がないことではなく，妊産婦が信頼できる支援者や専門職と継続的につながることによって実現されるものだ。しかし，妊娠中から育児期にかけて，支援者との「人の切れ目」が非常に多いのが現実だ。本稿では，バイプレイヤー（＝周産期の母子を支援するコアな支援チームと外部連携する心理専門職）として，人の切れ目を接着し，ケアや支援を橋渡しする動きについて紹介したい。

II 多職種連携の体感的イメージ

私は，2017年から周産期の女性と家族を対象とするカウンセリングルームを運営しており，現在はオンラインカウンセリングを中心に行っている。主な相談内容は，周産期の精神疾患に関すること，夫婦関係の悩み，母親自身の成育歴に由来する生きづらさや育児の困難感，人工妊娠中絶に関する意思決定のサポート，流産・死産・新生児死亡など周産期の喪失後の心理的なつらさなどである。クライアントの来談経路は，私のホームページを見つけてやってくる人と，助産師，保健師など，妊産婦と出会うフロントラインで働く他職種からの紹介が，半々である。私が，他職種を紹介・連携することも多々ある。

私と他職種の人は，どんなプロセスで仕事仲間となるのか。そこには，なんらかの知り合うきっかけがあり，おしゃべりをして互いの関心事や得意なこと，妊産婦にどのようにかかわっているのかを知り，仕事上の疑問を尋ね合うようになり，対象者を紹介し合う，というステップがある。このような関係を築いた人と取り組む仕事では，一緒にバレーボールをしているような感覚になる。相手に合わせてちょうどよい高さでボールを上げ，相手も私がどのようなボールを受けるのが得意な

のかをよく理解してくれている。そして，スピード感も重要だ。

　また，私の「連携」のイメージはミカンのネット，あのオレンジ色の目の細かい網である。人が手足を大の字に広げて，互いの手首や足首を持ち合ってネットを形成している。妊産婦がそのネットに受け止められているうちに，その母子もネットを構成する一員になっている，そんなイメージだ。人柄を知っていて，専門性を信頼でき，支援観を共有できる人は，共通の課題に向かう仲間になる。

III　私の多職種連携ことはじめ

　さて，開業当初の私自身の経験について述べたい。スタート時点，私に周産期分野での人脈は全くなく，宣伝広告にかける潤沢な資金もなかった。そこで，私は自分の住む地域にある，一軒の開業助産院へ営業目的で訪問をした。院長の助産師は，妊産婦へのカウンセリングの必要性を理解してくださった。後から知ったことであるが，地域で活動する助産師たちは，強い横のつながりを持っている。そのつながりの中に，私を招き入れてくれた。そして，地域のハブのような存在の助産師とつながることができた。その助産師と妊産婦が中心となっているコミュニティに出入りし，私自身もお母さん向けの小さな講座を開催した。そこでさまざまな専門職や妊産婦に徐々に認知してもらえるようになった。仕事の種まきのつもりで，同じように複数個所で動いた結果，助産師，医師，理学療法士，保育士，保健師，産後ドゥーラ，妊産婦のボディケアをするアロマセラピスト，子育て支援センター職員など，妊産婦を支える人たちと知り合うことができた。私も連携のネットの一部としてなじんでくると，他職種と連携するケースが徐々に生まれていった。

　以下に他職種と連携した3つの事例（実際の経験に基づいた架空事例）を紹介し，アセスメントのポイント，外部連携者として支援を担う際のメリットと難しさについて述べる。なお，他職種・他機関との情報共有については，すべてクライアントの了承を得ている。

事例1｜不安の強い初産婦のA

　妊娠6カ月のAは，妊娠中の不安感を主訴に，ネット検索経由でカウンセリングに申し込んできた。お腹が膨らむにつれて，喉が締め付けられて息がしづらい，腰痛，頻尿などマイナートラブルが出てきた。仕事は，在宅勤務で続けている。2年前に現在の居住地に引っ越し，周囲に友達がいない。感染症が不安で，家に引きこもる妊娠生活を送っていた。家でできる気分転換は，し尽くしてしまった。今は，わずかな身体感覚にも敏感になり，しかしそれを話して「大丈夫だよ」と言ってくれる相手もおらず，ネットの情報を見ては不安が膨らんでいた。

　カウンセリングでは以下のことが語られた。夜に目が覚めた時，喉がはりつく感じがする。そんな時，ベランダに出て冷たい夜気を吸うと，少し落ち着く。ベランダで景色を眺めていると，子ども時代の小児喘息の体験を思い出す。夜中，喘息で苦しいのだが，Aは母親を起こさないように我慢し，窓から外を眺めていたという。両親は，幼少期に離婚していた。田舎だったため，両親の離婚が周囲に知られないように隠していた。

　妊娠中の喉の感覚と不安感，孤独感は，子ども時代のAと紐づいているようだった。カウンセリングで，妊娠中に浮上する不安を手掛かりに内界を掘り下げつつ，同時にマイナートラブルを和らげる身体ケアも大事だろうと考えた。そこで，妊産婦の身体のケアに詳しい開業助産師を紹介した。3人でオンラインで顔合わせをし，カウンセリングと並行して，助産師がA宅に訪問し，身体のケアと，日常生活の動作の工夫をアドバイスしてくれることとなった。助産師は，訪問後にAの様子や，ケアの内容と方針を報告してくれて，私も簡潔にアセスメントと方針を共有した。包容力のあるベテラン助産師の訪問が，Aの孤独感を和らげることにもなった。出産予定日が近づくと，Aは

出産時にパニックになって息ができなくなったらどうしようと不安が強くなった。お産に対する不安については，訪問している助産師だけでなく，出産を予定している病院の助産師や産婦人科医にも相談し，信頼関係を築けるように促した。私は，不安な気持ちを受け止め，リラクセーションの工夫，病院でどのように話せばよいかを一緒に考えた。無事に出産を終えたAは，夫と二人三脚で産褥期を過ごし，赤ちゃんのことで不安になりやすい傾向や，寝不足のつらさはあったが，精神的に大きく崩れず過ごすことができた。

事例1の考察——多角的アセスメントとニーズに合わせた柔軟な動き

　周産期に限らないことではあるが，生物－心理－社会モデルの観点からアセスメントすることが重要である。妊娠中のクライアントの場合，身体的に心地よく過ごし，安心して出産に臨めるように医療関係者との関係や環境をつくるサポートは，心理課題への取り組みと同等かそれ以上に大切である。身体的ケアが必要と思われる人には，助産師，理学療法士，鍼灸整体師，ボディケアのアロマセラピストなどを紹介する。孤立感のある人や育児サポートが必要な人には，公的な家事支援の利用，ファミリーサポーター，産後ドゥーラ，その地域にある助産院のイベントを紹介したりする。できるだけ紹介先のサービス内容や人柄も伝えて，利用するメリットを具体的に伝えるように心がけている。

　また事例では，Aを地域の助産師にスムーズにつなげるために，三者のオンライン面談を行った。私もこの助産師もお互いに独立開業しているので，妊産婦の都合やニーズに合わせて比較的柔軟に動くことができたことは，組織の外にいる者の強みだろう。

事例2｜産後うつ病疑いの経産婦B

　Bとの出会いは，子育てカフェでのイベントだった。日頃からそのカフェでお世話になっている私は，イベント参加者に自己紹介をする機会をいただいた。自己紹介のあと，Bが声をかけてきてくれた。Bは，おしゃれで光るように明るい印象で，4カ月の赤ちゃんと一緒であった。聞けば，Bには子どもが4人いる。最近，朝どうしても体が動かず大泣きしてしまうという。私はカウンセリングを案内して，改めて丁寧に聞く約束をした。

　後日オンラインの画面越しに会ったBは，スッピンに眼鏡，表情がぬぼっとして別人のような印象の落差があった。相談内容を詳しく聞くと，症状は産後うつ病にあてはまっていた。夫は協力的なのだが仕事で忙しく，これまでワンオペ育児でやってきた。子育ては楽しく，自分がやりたいこと（＝子育て）ができてきた。4人目にして，初めてこの事態に至った。産後うつかもしれないと思ったが，気合を入れて動き始めてしまえば家事も外出もできるので，果たして自分は病気なのか，どうしたらいいのかわからないと話した。私は，産後うつ病の可能性が高いが，休養を取り早期に適切な治療をしたら回復する人が多いことを伝え，精神科の受診を勧めた。さらに，今のBに必要なのは，カウンセリングよりも，家事育児をサポートする手数と，休める環境だろう。そう判断し，Bの居住地域にある助産院を紹介した。そこは産後ケアを行っており，同時に周産期訪問看護ステーションも構えているからだ。周産期訪問看護の認知度は高くないが，医師の指示のもと自宅に助産師など訪問看護スタッフが決まった頻度で来てくれて，支援計画にもとづいた支援が提供されるサービスである。Bは，すでにその助産院の産後ケアを利用した経験があり，院長助産師Xとも顔見知りであった（しかし，訪問看護については知らなかった）。助産師Xと連絡を取り，連携している精神科を教えてもらい，そこを受診したらスムーズだとBにアドバイスをした。Bは進むべき道が見えたことで，表情に少し明るさが戻った。私からもXに連絡を取り，経緯を伝えた。そして最初のキラキラぶりと，カウンセリング時のどんよりした印象の差から，双極傾向があるかも

しれない，服薬を開始したら気分の波を慎重に観察してほしいと伝えた。Xも，第4子の産後ケア利用時に，いつも明るいBがしんどそうであったことが気になっていた，Bが連絡をくれたら訪問看護を導入してみる，とのことであった。その後，BからXに連絡が行き，Xの訪問看護ステーションと連携している精神科を受診した，とのことであった。

事例2の考察——人のつなぎ目を補うローカルなネット

　周産期の支援の課題として，産婦人科および母子保健センターと，メンタルヘルス科の連携が難しいことがある。地域にもよるが，機関同士の連携体制が不十分な場所の方が多い。また，妊産婦にとって，「どこの先生が自分に合うのか（＝周産期に理解のある精神科や心療内科はどこなのか）」がわからない，妊娠中・授乳中に服薬する抵抗感，メンタルヘルス科へのスティグマなどから，受診に至らないケースが多々ある。このハードルを下げるのに，ローカルな支援者同士の，顔の見えるつながりが一役買う。

　Bの事例では，子育てカフェという参加しやすい場で私と出会い相談してくれたこと，さらにBと助産師Xがすでに顔見知りで，そのXが連携している精神科ということで，受診への道筋を提示できたことが大きかったのではないかと考える。メンタルヘルス科，産後ケア，周産期の訪問看護などの社会資源の状況は，地域によって特性がある。したがって，その地域の支援者，専門職同士のネットワークを普段から充実させることと，そこに新たな妊産婦が入っていきやすい道筋をつけることが重要だろう。

事例3｜自傷行為のある経産婦C

　Cはネット検索経由で，カウンセリングに申し込んできた。Cは，オンラインの画面を終始オフにしていた。理由は，顔が見えない方が話しやすいから，とのこと。自発的に語る言葉は少なく，

こちらの質問に対し，長めの沈黙のあと，ためらいがちに答える。そのような面接から，以下のことがわかった。

　Cには，1歳の子どもがいる。実家は遠方でほぼ連絡を取っていない。20代前半に恋愛と仕事の悩みからリストカットをしていた。今の夫と知り合い精神的な安定を得て，リストカットせずに過ごせるようになった。妊娠中は，不安とストレスからリストカットしたくなったが我慢していた。産後，育児の価値観の違いから，夫とのケンカが増えた。また，子どもの自我が出てきて，言うことを聞いてくれないと，子どもをドンと床に置いて怒鳴ってしまうことがある。ストレスが溜まると，ワーッとなって壁に頭を打ち付ける。カウンセリングを受けようと思った動機は，ストレスをなんとかしたい，子どもへの影響が心配だから，というものであった。また，担当保健師が定期的に訪問していること，子育てホットラインなども利用していることもわかった。

　Cの了承のもと担当保健師に連絡を取り，カウンセリングで介入をしている旨を伝えた。担当保健師によると，Cは保健師にも同様の相談をしていたらしい。産婦人科で取ったエジンバラ産後うつ病自己調査票が9点を超えており，腕にリストカットの跡があったことから，母子保健センターに情報提供がなされ，要支援ケースとなっている。保健師が精神科の受診を促すと，過去に受診したが薬が効かなかったと言い，拒否的であった。乳幼児健診の所見では，子どもに発達上の問題はない。私と保健師との間で，私からも精神科の受診を促すこと，そして母子の様子に心配なことがあれば連絡をすることで合意した。

　Cとのカウンセリングでは，真っ黒な虚空にこちらの質問が吸い込まれていく感覚があった。育児状況を聞き，子どもにイライラした時は一時的に離れましょうと伝えると，「……子どもと離れてもいいんですか？」と，わずかに手ごたえのある反応が返ってくるが，また会話は途切れる。Cと私のつながりは，非常に脆くて細い線であった。

また，Cによると担当保健師が一度変わっていて，以前の保健師とは「合わなかった」と教えてくれた。そして私とのカウンセリングは，数回の面接を経て連絡がないまま中断となってしまった。担当保健師に状況報告をし，私の本ケースへの関わりは終結した。

事例3の考察──情報を重ねて細い糸を補う

Cは，援助を求める行動は取るのだが，そこから相手を信頼して自分を打ち明けることに困難があるようだった。顔を見せない匿名性の高い関係の方が，安心して話せたのだろう。Cのような人にとって，心理士と保健師がつながるのは嫌だったのかもしれない。それでも私は，虐待のリスクがあったため，すぐに保健師と連携を取り支援方針を共有した。それが原因かわからないが中断となり，それが私の関われる限界であった。

事例Cはうまくいかなかったケースだったかもしれないが，それでも言えるのは，多職種が連携するメリットは，対象者の情報を複数の立場から出して情報を重ねることで，アセスメントがより立体的・客観的になることだ。周産期には，虐待・DVや女性の貧困，離婚，子どもの養護，不妊治療，出生前診断，子どもの発達上の問題など一筋縄ではいかない問題がある。一つの専門性や立場だけで対応するのは難しい。だからこそ仲間である他職種の人たちとは，働いている場所は同じではないが，常に連帯感をもって臨みたい。その連帯がセーフティーネットであり，周産期の母子を受け止めるネットになる。

● 文献

日本産婦人科医会（2023）自殺による妊産婦死亡について（https://www.jaog.or.jp/wp/wp-content/uploads/2023/11/3bd9b6256769e55154e241912e123866.pdf［2025年3月17日閲覧］）.

3 事例で読み解く地域精神保健福祉①──連携のバイプレイヤーたちの物語

発達障害支援
安心できる地域生活のためにできること

日戸由刈 Yukari Nitto

相模女子大学人間社会学部

I　はじめに

横浜市では，9つの地域療育センターがそれぞれ担当エリアの関係機関と緊密に連携し，発達障害の早期発見・早期療育システムを構築している。私もかつて，その1カ所である横浜市総合リハビリテーションセンター（YRC）発達支援部門に26年間勤務していた。療育センターはどこも多職種による診療部門（外来），療育部門（通園），相談部門で構成され，部門同士がつながりを持ちさまざまなチームアプローチを展開している。チームリーダーは医師が担い，私が入職した1992年当時は佐々木正美先生，清水康夫先生，本田秀夫先生という年代の異なる素晴らしい常勤の発達精神科医がそろっていた。この先生方は海外の動向を踏まえYRCで最先端の取り組みを目指しており，後進の発達精神科医の育成とともに心理士の育成にも力を注いでくださった。

ただし，私は最初から心理士を目指していたわけではない。私には強度行動障害と最重度知的障害のある自閉症の兄がおり，1960年代から1980年代という自閉症に対する支援体制がほぼ何もなかった時代，兄も家族も日常生活に大きな困難を抱えて生活してきた。その経験から，私は大学院で障害児教育を専攻し，「自閉症の人が，地域の中で安心して生活できる」ことを考えてYRCに就職

した。初年度は外来の児童指導員であったが，2年目，上司から「肢体不自由児の通園や外来で働く心理士が欠員になった。やってくれないか」と言われて心理士に転向した。この特異な経歴により，私は現在でも心理士としての専門性やアイデンティティが大して身についていない。しかし，ふり返ってみると，この弱みが多職種連携・地域支援における強みとなっていたのかもしれない。

II　「使えない心理士」

肢体不自由児の通園や外来では，医師，看護師，理学療法士，作業療法士，言語聴覚士がチームの主役であり，「脳や身体の機能」について専門知識を持たない心理士は脇役的な扱いであった。通園での心理士の仕事は，午前中はクラスでの行動観察，午後は発達検査と保護者への結果説明と決まっていた。未歩行・未発語で物の操作もできない幼児，ほぼ寝たきりの幼児を目前に，私はどう接したらよいか，どうアセスメントすればよいか，わからないことだらけであった。先輩心理士からスーパーバイズを受けて発達検査を実施してみるも，「算出不能」が続出した。保護者はわが子を出産直後，NICU時より医療専門職から接し方を学んでいる「強者」揃いであり，新人心理士への期待は薄かった。ケースカンファレンスの場で，リハ科医から「使えない心理士」と言われた際，他

の専門職はみな「よくぞ，言ってくれた」という表情をしていたように思う。

　私は「できることは，何でもやろう」という気持ちで，通園のクラスで子どもを抱っこしてトランポリンに乗ったり，お絵描きや音楽遊びの介助役を担った。ここでのお絵描き，音楽遊びは，子どもからの自発的な動きはほとんどなく，保育士が子どもの手をキャンバスや楽器にひっかけ，重力を利用して色を塗る，音を出すといった活動であった。保育士が子どものわずかな表出や動きを捉え，意味づけをして声かけをする姿に触れ，私は自分自身のアセスメントについての考え方の狭さを思い知った。低年齢の子どもや重度の知的障害のある人たちのアセスメントでは，日常場面での対象児者とのやりとりを通じた間主観的な理解の方が，よほど役に立つ。

　こうしてクラス担任の保育士とよく話をするようになり，当時の通園体制の課題についてこそこそと議論した。たとえば，通園では脳腫瘍により全く反応がないような幼児に対しても，一律に発達検査の時間を割り当てていた。これは個別性を欠いた，保護者の心情を配慮しない支援に見えた。子どもの状態に応じて，発達検査の時間を母親の気持ちを聞く面談の時間に振り替えられないか。今ふり返って考えると，肢体不自由児の母親の多くは，子どもが生まれた瞬間に障害を告知され，共同療育者となる覚悟を性急に求められる。日常生活は常に子ども優先となり，自責の気持ちがあっても悲嘆にくれる時間はない。夫や親族から一方的に責められる。こうした数年間を経て，多くの母親が「強者」に仕立てあげられ，専門職の助言には従うものの，クラス担任との関係性で安心して弱音を吐くこと，自分の気持ちを優先して甘えることが難しかったのではないか。このような考察を，当時の私は全くできていなかった。それでも「何かがおかしい」と感じて，クラス担任の保育士とともに，保護者の思い，本音や弱音を傾聴するための試行錯誤を続けていた。

III 「これは，心理士の仕事ではない」

　数年後，私は外来で発達障害支援の仕事を少しずつ任されるようになった。先輩心理士たちは発達障害のアセスメントについて，心理検査や症状評価のチェックリスト，インフォーマルな評価法などの技術習得に励んでいた。しかし，私は「自閉スペクトラム症（ASD）の人たちが，地域の中で安心して生活できる」ことに引き続き関心があった。夏休み，佐々木先生が引率する米国ノースカロライナ州のTEACCHプログラム視察旅行に参加したり，業務時間外に児童指導員の先輩からビデオ指導を受けることに，時間を費やした。

　その頃，発達精神科医，ソーシャルワーカー（SW）と3人で，月に一度，担当エリアの福祉保健センター（当時の保健所）に出向する「療育相談事業」の仕事が回ってきた。早期発見・早期療育システムでは，発達障害が疑われる幼児の多くは福祉保健センターの乳幼児健診で把握され，経過観察が行われる。その児に発達障害が強く疑われるものの保護者の気づきや認識が十分ではない，と担当保健師が判断した場合，保護者に対して療育センターより敷居の低い療育相談をまず勧める。療育相談に，福祉保健センターという早期発見の場から療育センターへ潤滑に移行するためのインターフェイス機能を担っている（本田，2008）。多職種連携・地域支援を実践的に学べる場でもあり，若手の心理士が1年交代でこの仕事を担当した。

　毎月の療育相談には，2〜3歳の幼児と保護者が1日4組訪れ，医師・SW・心理士のチームは同じ室内でアプローチを行う。ほとんどの幼児はASD特性と知的発達の遅れを有するが，この時期ASD特性は出現し始めた頃であり同定が難しい。そこで先輩心理士たちは発達検査を用いて，知的発達の遅れという観点から保護者の認識を促そうとした。しかし，新奇場面でスムーズに発達検査に応じる児は少ない。その様子を見ている保護者からは，心理士の結果説明に対して「家では，できるんです」と反論される場合が少なくなかった。

一方，私は待合室で不安そうに待機する親子を観察し，ASD特性のある子どもが安心して過ごすことができ，かつ保護者が医師と話をする時間を十分に確保するための方法をまず考えた。そして，親子が入室した瞬間，心理士が子どもの興味のある玩具を視界内に呈示し，子どもがそれに駆け寄り遊び始めたタイミングでSWが保護者を相談の席に誘導する，という流れをつくった。保護者は，たとえ同室であっても，わが子が自分から離れて機嫌よく遊ぶ姿に驚き，戸惑う。「家では，もっと大変なんです」と，子育ての困難さを医師やSWに切々と訴える。心理士は子どもの遊びの延長上で発達検査も行うが，結果は参考値と考え，保護者への説明の時間をとらなかった。むしろ相談途中の中間カンファレンスで，観察したASD特性の詳細な所見をチームに報告をする方に，アセスメントの重点を置いた。医師はその所見を参考にASDの重症度を総合的に判断し，暫定診断を保護者に伝える。さらに「ここでは，なぜ子どもが安心して過ごせているか」の解説から，子どもに合わせた環境調整の必要性について保護者の実感を促し，今後の望ましい育て方の助言を行い，必要に応じて療育センター（YRC）への受診を勧めた。

チームによるアセスメントやアプローチが最大の効果を発揮するよう，私は必要があればいかなる役割でも担った。医師の面接中「帰りたい」と騒ぐ子どもがいれば館内散歩に連れ出し，保護者が医師と話のできる時間を確保した。同時に，子どもと関わりながら対応のコツを把握し，後でチームに報告した。同僚の心理士から「これは，心理士の仕事ではない」と批判されたが，私自身そう思ったことは一度もない。多職種連携の3つのモデルのうち，同僚はマルチ，またはインターモデルを重んじていたのだろう。私は，当時は意識しなかったが，トランスモデルに近いスタンスであった。TEACCHプログラムでも「ジェネラリストモデル」を推奨している。

なお，その後，文献においてASD児の2〜3歳時点で測定されるIQやDQは安定性が低く，遊びを通じて共同注意や象徴遊びの能力を評価する方が予後予測に役立つことを知った。新奇場面でASD児がこれらの能力を発揮するには，ASD特有の興味関心や認知特性に合わせた関わりが必要となる。これも当時は意識しなかったことが，ASDの療育に関する基本知識と，その知識を活用して「関与しながら観察する」アセスメントの技術は，ASD児者支援を専門とする心理士が身につけるべきコンピテンシーのひとつと考えられる。

IV　「これなら，自分たちでもできそう」

数年後，今度は外来療育の「モデルクラス」の担当になった。モデルクラスとは，当時ほとんど実践例のなかった，知的発達の遅れを伴わないASDの幼児を対象とする，週1回の小集団療育である。YRCでASDに関する心理学的知見を活かした専門性の高いプログラムを開発し，地域の幼稚園・保育所（以下，園）でのインクルーシブ保育との連携を強化させることが設置のねらいであった。発達精神科医，SW，心理士によるチームが結成され，クラス担任は心理士が担った。医師たちは「歌って（カウンセリング），踊って（療育），詩も書ける（研究）」ことを当時の中堅心理士の到達目標と考え，自らクラスの担当医となって新たな人材育成の方略を先導してくださった。

モデルクラスで，私は決して腕の立つ療育者とは言えなかった。それでも担当医の本田先生とともにASD特有の選好性と弱点に注目したプログラムを開発し，子どもたちは楽しそうに参加していた。悩ましかったのは，クラス以外の場面，とくに園生活での子どもの適応の悪さであった。園へのインクルーシブ強化支援策として，横浜市の療育センターでは「療育セミナー」による知識伝達とSWや療育スタッフによる巡回相談がどこでも行われている。しかし，当時クラスの子どもたちが通う園の保育者は一様に自信がなく，不安そうな様子であった。インクルーシブ保育担当者への支援として，知識伝達と巡回相談だけでは「何かが足りない」と考えるようになった。

そこで，夏休み期間の3日間，地域の園の保育者たちが集い，モデルクラスの療育を参観する「療育体感講座」を開始した（日戸ほか，2011）。1日あたりの定員を10名とし，SWが園に周知する際，参加する園が偏らないよう事前調整を図った。当時，通園で子どもが利用する園の保育者の見学受け入れはよく行われていた。モデルクラスで一度に複数の園からの見学を受けること，クラスの利用児が在籍しない園にも声をかけること，そして「療育を見せる」という目的は，どれも通常ありえない発想であった。モデルクラスの保護者の同意と協力は容易に得られた。しかし肝心の，療育を見せる立場にある心理士の技術が高くはない。それでも，SWが当日の司会進行を担い，担当医が事後の解説や質疑応答に関わるという役割分担により，なんとか実施にこぎつけた。

当日の参加者の声，および事後アンケートでは「これなら，自分たちでもできそう」「明日から園で使えそうなヒントをたくさんもらえた」「自分の園でも工夫してみたい」など前向きな感想が多く寄せられた。皮肉なことに，心理士の子どもへの対応技術の低さゆえ，「ASD児の興味関心や特性に合わせた課題や室内の環境設定によって，子どもたちは楽しく参加できる」ことが明白に伝わったようだ。参加した保育者たちはこれまでセミナーや巡回相談で学んだ内容がようやく腑に落ち，自分たちの実践への自信や改善への意欲が高まったようであった。さらに，「園の中で，インクルーシブ保育担当者は少数派である。この講座に参加し，自分と同じ立場にある他園の仲間と出会い，率直な意見交換ができたことや，仲間の悩みや不安を聞いて，自分だけではないと思えたことが，最も良かった」という切実な感想も聞かれた。医師，SW，心理士で行った質疑応答の時間は，保育者たちにとってピア・カウンセリングやエンパワメントの場としても機能していたようである。

Ⅴ　おわりに

発達障害支援は，病の治療と異なり，その人の人生を通じて，その人の生活する地域の中で行う必要がある。対象は本人のみならず，家族や保育者，学校教師，福祉職員など幅広い。生活場面でのアセスメントおよび多職種連携・地域支援が欠かせない。心理士に関して言えば，検査室や面接室の中だけでのアセスメントや助言は，生活場面においてほとんど役に立たない。知能検査や発達検査は，本人や家族，関係者同士がコンセンサスを得るための，「一部の能力の数値化（見える化）」に過ぎない。心理士は，本人や家族，支援者のニーズを自分なりに把握し，チームアプローチの効果が最大に発揮できるために「自分は，何ができるか」を考えられる，柔軟な思考と実践力が必要とされる。また，アセスメントの基本姿勢として，地域の中で本人と日々やりとりをする保護者や保育者，学校教師の方が本人をよく理解していることを正しく認識し，その立場をリスペクトし，自身は脇役として，可能な限り対象を包括的に理解しようとする努力が求められる。

以上の，要するに「心理士だけでは，何もできない」という冷めたスタンスは，私が家族の立場を経験したからこそ，確信を持って言えることであろう。同時に，「発達障害の人が地域の中で安心して生活できるために，役に立ちたい」という動機を持つことが，発達障害支援に携わる心理士にとって最も重要なコンピテンシーとなる，という熱い期待も持っている。冒頭でも述べたが，私は心理士としての専門性やアイデンティティがあまり身についていない，という弱みを持つからこそ，チームの中でいかなる役割も担うことができ，「発達障害やASDの支援経験が豊富な人」として地域の人たちに認知されているように思う。このような規格外れの心理士を根気強く育ててくださった，YRCの当時の医師や上司，同僚に深く感謝したい。

●文献
本田秀夫（2008）早期介入システム．精神科治療学 23；33-39．
日戸由刈，白馬智美，平野亜紀子ほか（2011）保育園・幼稚園におけるインクルージョン強化支援の新機軸—その2．リハビリテーション研究紀要 20；29-33．

❸ 事例で読み解く地域精神保健福祉① ── 連携のバイプレイヤーたちの物語

高齢者支援における多職種・多機関協働

認知症疾患医療センターの地域連携を通して

淵上奈緒子 Naoko Fuchigami

平川病院

I　はじめに
──多職種支援・多機関連携との出会い

　今回の執筆依頼をいただいた当初，筆者は高齢者心理臨床の専門家というわけではなく，また勤務先も高齢者医療に特化した医療機関でもないことから，「この領域を執筆担当されるのには，もっと適切な方がおられるのではないか」と躊躇した。しかし編者の企画意図をうかがい，むしろトッププレイヤーではない"市井の心理職"による試行錯誤しながらの実践の紹介を通して，今，同じように現場で取り組んでおられる方や，これからチャレンジされようという方にとって，少しでも何かのお役に立つならば……との思いで，お引き受けすることとした。

　筆者が多職種・多機関連携に興味を持つきっかけとなったのは大学時代，児童精神科病院で行われていた発達障害児を対象とするデイケアグループでのボランティアだった。参加当初，事情により心理職は不在で，多職種支援の場に，いわば「いきなり放り込まれた」ような体験であったが，しかしそのぶん他職種スタッフから直接コメントや指導を受けることができる貴重な場ともなっていった。折しも大学では「面接室における一対一の心理療法」を学び出していた筆者は，当初は戸惑いながらも，次第にその実践に魅かれていく自分を感じていた。

　さらに，この活動が縁となり，精神科医のサポートのもと，発達障害を持つお子さんのご家族が立ち上げたグループ活動にも携わることとなった。そこでの本人支援はもちろんのこと，親きょうだい支援，そのためには地域の資源や関係機関などにも目を向け，そして必要に応じては連携していくことの重要性を目の当たりにし，ますます個別の心理援助に留まらない，心理支援のニーズや心理職の役割があるのではないかと考えた。

　大学院では，地域精神医療の実践が多職種構成でなされている精神科診療所での実習を希望した。そして統合失調症をはじめとした精神疾患を抱える方の治療・支援に触れ，時に診療所の患者さんが入院する先（精神科病院）では，「一体どのような多職種チーム医療が行われているのだろうか？」と興味を持ち，修了後に現在の所属先である精神科病院での仕事に就いた。

　入職後はアルコール治療専門病棟にはじまり，社会復帰病棟，精神科急性期病棟，慢性期病棟，認知症治療病棟と担当してきたが，そのなかでいわゆる困難ケースの退院支援を巡って，精神保健福祉センターのアウトリーチチームの介入を経て，何とか退院が実現した事例を経験した。チームのメンバーには心理職スタッフもいて，心理療法を

担当していた筆者としては，そのスタッフをはじめとしたチームが果たす「通訳」や「橋渡し」の機能に助けられ，そして支えられて，患者さんとともに治療に取り組むことができ，退院の日を迎えるに至った。このことから，アウトリーチチームや，そこに心理職が一員としていることの必要性・重要性を身をもって体験することができた。

時を同じくして，地域精神保健における心理職の実践として転機を迎えたのが，所属病院の認知症疾患医療センター事業受託であった。認知症疾患医療センター（以下，センター）の人員配置に心理職も明記され，そして地域連携・多機関連携の取り組みがセンターとしての必須役割に位置づけられ，さらには関連事業としてアウトリーチ活動も開始されて（ただし当院においては，心理職の基本的役割は後方支援となったが），地域に出向く業務が格段に増えていった。

そのようななかで，地域包括支援センター（以下，包括）をはじめとした地域の関係機関が対応に苦慮し，当院受診に至ったケースに対する，心理職，そしてセンターの関わりを以下に紹介する（なお事例は，プライバシー保護のために，複数名の特徴を組み合わせたり，経過を損なわない範囲で変更を加えている）。

II　事例｜Aさん（70代・男性）

ある日，同僚の精神保健福祉士（以下，PSW）から「こんな受診相談が包括から来ているんだけど……」との連絡が入った。

いわく，すでに介護保険の申請・利用はなされているケースなのだが，各種サービスの担当者や通所先などとの間でのトラブルや近隣医療機関の夜間救急外来への頻回受診などがあり，介護支援専門員（ケアマネジャー）が包括に相談するに至っていた。現在は一時的に包括が中心となって対応しており，Aさんとともに包括の相談員が，地域で行われている物忘れ相談会で医師と面談した結果，精神科受診を勧められたという。また金銭管理にも問題を抱えている

ため，あわせて成年後見制度の利用申し立ても検討している最中とのことであった。

当院ではセンターの機能のひとつとして認知症専門外来を開設している。また，それ以外にも各種専門外来があるなかで，このケースに限らず，これまで精神科未受診の場合や，どの外来を案内するのが良いのか他職種が迷う場合などに，心理職に事前相談が入る。そこで本人・家族，あるいは関係機関からの相談内容の整理や，心理検査実施の可能性（要・不要）などについて，受診前にPSWをはじめとした多職種で打ち合わせていく。

Aさんのケースでは，年齢に鑑みて認知症専門外来で予約を取るのが良いか，それとも一般初診枠のほうが良さそうか…という相談であった。

包括からの情報提供によると，どうやら知的能力の低さも窺えるという。PSWと相談の上，まずは認知症専門外来にて身体疾患のスクリーニングも含めて鑑別診断を行った後に，能力評価の実施について検討していくことになった。受診当日はAさんの生活歴や病歴，そして今回に至るまでの経緯の詳細聴取のため，包括相談員にも同行してもらうこととした。

これも高齢者領域に限らないことだが，特に本人以外からの相談の場合には，現在困っているのは誰で，それは本人の問題や能力，特性などとどのように関連していそうか（もしくは関連していないのか），あるいは周囲や環境の側に何らか変化が生じたりしてはいないかなど，多角的に情報収集を行い，アセスメントしていく必要がある。

迎えた予約当日，包括相談員とともに来院したAさんは各種検査に協力的に臨むものの，受診理由については「血圧が高いから」と述べるのみで，事前にAさんと包括相談員との間で共有されていたはずの成年後見制度の申請につい

ての言及はなかった。また認知機能検査では，回答できない課題が続いてしまうと，次第にイライラした様子を見せた。

並行して行われた包括相談員のインテークからは，数年前に母親を亡くして以降，徐々にＡさんの生活が崩れていったこと，そして今年に入って預貯金が急激に減少し，そこには他者による搾取も疑われたこと，その後生活保護受給開始となったが，時に次の保護費支給を待たずに底をついてしまう事態となっていることなどが判明した。

諸検査の結果をもとに行われた医師の診察にて，まず認知症疾患は否定された。一方，同伴の包括相談員とともに診察で話をしていくなかで，「お金は自分で持っていたいけど，でも契約や手続きは手伝ってもらいたい」との思いをＡさんが語った。そこで，あらためてPSWより成年後見制度について説明し，Ａさん自身の申請希望も確認できたため，後日，心理職が知能検査を行うこととした。

その検査結果から，Ａさんは中等度の知的障害水準であることが示唆された。生活歴も加味して考えると，おそらくもともと知的能力に制限はあったものの，母親の世話のもとでの生活は成り立っていたため，本人，そして地域においても，少なくとも表立って問題とはならないまま経過していたのであろう。しかし母の死去で一転，単身となったことで，生活が破綻していったのではないかと考えられた。また利用サービス場面におけるさまざまなトラブルは失敗を取り繕うための言動であったり，そもそも対人能力における未熟さも背景にあろうことも窺えた。さらには老齢期を迎え，身体・体力にも変化が生じてきたなかで不安が高じてきて，愁訴や頻回受診はＡさんなりの援助希求なのではないか……との見立てを包括相談員との間で共有した。

その後，申請に至った成年後見では「保佐」相当となり，Ａさんの後見人が立てられることとなった。さらに包括相談員からの提案で，後見人を含めた支援者間でのケースカンファレンスが包括で開催されることとなり，そこに心理職，そしてＡさんも同席し，検査結果の説明と，それをもとに改めて立案された支援計画の共有が図られた。

新たに通い出したデイサービスでも，時にＡさんの対応に苦慮したスタッフの相談などが寄せられたが，その都度コンサルテーションやケア会議にて，今生じている問題のアセスメント，そして支援の方策を検討した。その上で関係機関の支援にしばし立て直しの時間が必要と思われる際には，一時的に当院の精神科プログラムの活用を提案するなどして，Ａさんに関わる地域のスタッフの"後方支援"にも努めた。そしてＡさんが地域での生活を維持していくことを目指して，各機関が担うアプローチについて共通認識が維持できるように働きかけていった。

III　高齢者支援における心理職参画の「バリア」

ここまで事例を通して高齢者領域における心理職の地域支援の一例を示してきたが，ここで心理職が地域支援を行っていく上での「バリア」について考えてみたい。

まず何と言っても，そこに参画できるための人員配置や資格基準に，心理職がほとんど含まれていないことであろう。筆者の場合は前述の通り，所属機関が受託したセンター事業の枠組みのなかで，業務としてさまざまな地域支援に携わることが可能となった。しかし，そうでなければ基本的には所属機関，もしくは心理職個人の"持ち出し"でしか関わることができないのが現状である。

また心理職自身も心理検査や心理面接をはじめとした業務でスケジュールが埋まっていて，外部機関で行われるカンファレンスや会議に出席することが容易ではない場合も少なくないだろう。岩谷ほか（2017）が「心理職がアウトリーチ・チームに参加するうえでの最大の課題は"心理療法室

から出る"ことである」としているように，まず心理職自身が，上記に挙げたようなこれまでの中核業務に加えて，面接室，さらには所属機関から「自ら出向いていく」ことを役割として位置づけられない限り，少なくとも現状では配置要件や診療報酬算定といった"後ろ盾"がないなかで，この「バリア」を越えていくことは成し得ないものと思われる。

それと同時に，やはり先述の"外的枠組み"としての「バリア」を，私たち自ら取り除いていく課題も避けては通れないだろう。心理職の国家資格として公認心理師が誕生した今，高齢者領域の地域精神保健において必要とされる心理支援が提供できるための，法制度や診療報酬制度の改定が望まれる。その実現に向けては臨床実践の研究や発表を積み重ね，それをもとに職能団体などを通して国に要望していくことが欠かせない。一心理職としては，なかなか身近に感じられない活動かもしれないが……その全てに関わらずとも，このプロセスのどこか一部であれば担うことはできるのではないだろうか。

地域精神保健における心理支援のニーズに，心理職として応えていくには，私たち自身にとっても「バリア」のない環境づくりが必要となる。

IV　地域支援への参画に際して陥りやすい「トラブル」

次に，「バリア」に続いて，編者からのもう一つの"お題"でもある，職務上生じうる「トラブル」について考えてみる。

精神科医療においては今日「生物−心理−社会モデル」に基づいたチーム医療が欠かせない。このモデルに関して村瀬（2009）は「"生物−社会的背景−心理"という順番ではないか」と指摘しているが，筆者自身，精神科医療機関で働くようになって，この認識の大切さを実感しながら心理職として各種業務にあたってきた。

そこから，さらに地域支援に携わるようになっていき，たとえば医療・福祉領域でしばしば用い

られる国際生活機能分類（ICF）モデルに拠る見立てやアプローチを学びながら，それと自身の専門性である心理学モデルとを擦り合わせていく作業，そしてモデルの"再構築"を迫られることも度々であった。前節で述べた「面接室や病院から地域に出向く」ことが，心理職にとって内的に困難になる局面は，もしかしたら，この作業に行き詰まる時なのかもしれない。

このような際に，ともすれば生じやすいのが，自身のアイデンティティへの"引きこもり"である。特に経験の浅い時期（筆者だけかもしれないが……），自分の学んだ理論を自分の準拠枠としていく過程にあればなおさら，たとえば専門用語を駆使したアセスメントやコンサルテーションを提供しがちである。しかし，それでは他職種や地域の関係者の前に自ら「バリア」を作るような事態となってしまう。そして，そこからさらに誤った情報や理解が伝わったり，それによって最終的には当事者を支援から遠ざけてしまう結果ともなりかねない。

冒頭で触れた困難ケースを担当していた筆者も，ともすればその危機に陥る可能性があったといえる。そんなときに同職種のアウトリーチメンバーと協働できたことで，何とかその状況から抜け出せたわけである。もし自らはモデルチェンジ，シフトチェンジが難しい場合に，前述のような「トラブル」を避けるためにも，「同職種連携」という一手があるのではないか。

V　地域における多職種連携のバイプレイヤーとして
——時・所・位を考え，総譜を読む

最後に，心理職が地域支援における多職種連携に取り組んでいく上での，課題と展望について触れてみたい。

高齢者支援における当事者や家族，そして地域で毎日関わる関係者としては「まずは今生じている問題を解決したい」，あるいは「明日も無事，乗り切るための手立てが欲しい」というようなニーズをもって医療機関に協力を求めてくることが少

【パターン1】
支援の初期の橋渡し
例）地域で孤立し，支援に対して不信感がある人
　　未治療未受診の重症精神障害をもつ人，
　　認知症をもつ人や家族

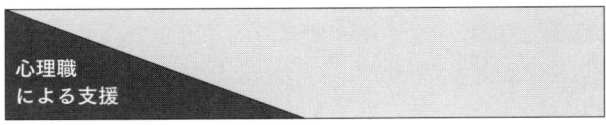

【パターン2】
多職種による支援過程での行動変容促進
例）気分障害圏，神経症圏の疾患をもつ人
　　就労支援中の重症精神障害をもつ人

【パターン3】
こだわりや振り回し行動で対人関係不安定，
支援者が疲弊
例）発達障害，パーソナリティ障害，
　　摂食障害，反応性愛着障害等をもつ人

図　地域における心理職の関わりのパターン（佐藤ほか，2024）

なくない。一方，医療機関の側からすると，「それでは根本解決にならない」と思うようなニーズであったりする。特に最前線で相談対応するPSW，そして治療の責任者である医師と，地域との間でその齟齬やズレが生じやすいように思う。そのような場面で，タイミング的には後方部隊を務めることが多いであろう心理職が，寄与できることがあるのではないかと考える。

村瀬（2020）はまた，家裁調査官時代の実践紹介のなかで「事の理解のために3要素，時・所・位を考えて」分厚い事件記録を読んでいたと述べている。この"時・所・位"とは，もとは「時（時間）と所（処）（場所）と位（立場）に応じて，よく考えて務めること」という，儒学の陽明学派において用いられるようになった用語である。

この"時・所・位"を先に挙げたAさんのケースに当てはめて考えると，例えば"時"は「現在，包括が当院への相談に至るまでの経緯を含めて，今はどのような支援の途上にあるのか」，"所"は「どのような目的で当院の受診が検討されているのか」，そして"位"は「そこでセンターの心理職が期待される／果たせる役割は何か」となるだろうか。

また，佐藤ほか（2024）が「地域における心理職の関わりのパターン」の図を提示しているが，時・所・位を見立てたうえで，どのパターンで心理職あるいはセンターとしての医療機関が関わっていくことが適切なのかも見定めながら，実際に支援に入っていくこととなろう。少なくとも現状は後から参入することが多い心理職だからこそ，ここに至るまでのご本人・ご家族の生活や願い，地域や関係機関の支援を巡る思い，そして今から関わる自分の役割を，まず一歩下がった視点から見立てやすいという強みがあるのではないか。それによって葛藤的な状況に陥っている支援状況を，再び有機的に動かす流れを生み出せるようなプレイヤーであることが期待される。

本稿が掲載されるセクションの副題に「バイプレイヤー」という表現が用いられているが，まさにその通りで，先に登場している他のパートのプレイヤー（他職種・他機関），そして何よりメインプレイヤーであるご本人たちの営みを支えることができる，地域における高齢者領域の心理支援を目指していきたい。

●文献
岩谷潤，下平美智代，伊藤順一郎（2017）我が国の地域精神医療の課題―アウトリーチの実践からの報告．臨床心理

学 17-3；333-336.

村瀬嘉代子（2009）最終講義 心理臨床のこれから―パラドックスのなかを模索してきて．In：新訂増補 子どもと大人の心の架け橋―心理療法の原則と過程．金剛出版，pp.259-297.

村瀬嘉代子（2015）目前の課題に導かれて―心理臨床の今とこれから．In：牛島定信 編：精神療法 増刊第2号．金剛出版，pp.19-24.

村瀬嘉代子（2020）問う力・聴く力を涵養する―能動性を内包する受動性／理論と技法を支えるジェネラルアーツ．臨床心理学 20-4；379-384.

佐藤さやか，臼井香，下平美智代ほか（2024）面接室の外へ出る―福祉・アウトリーチ．臨床心理学 24-1；78-83.

4 事例で読み解く地域精神保健福祉②──連携のコアプレイヤーたちの格闘

多機能型精神科診療所による地域ケアの実際
心理職によるアウトリーチの事例を振り返って

東健太郎 Kentaro Higashi
医療法人社団草思会錦糸町クボタクリニック／
錦糸町相談支援センター

鈴木順子 Junko Suzuki
医療法人社団草思会錦糸町クボタクリニック／
錦糸町相談支援センター

I　はじめに

2017年に国によって示された「精神障害者にも対応した地域包括ケアシステム」は，医療と福祉が統合された包括的地域社会モデルである。そして，これに応じて各自治体が地域移行支援や地域生活拠点の整備などに動き出している。

こうした流れのなかで，精神科診療所で地域支援に携わる専門職として，心理職はどのように貢献できるだろうか。筆者らが勤務する精神科診療所は約40年にわたり地域ケアのあり方を模索し培ってきた。本稿では当院の構造と機能，そして心理職のアウトリーチでの支援について事例を交えて紹介する。

II　「錦糸町モデル」
──多機能型精神科診療所による地域ケア

錦糸町クボタクリニックは，多職種チームによる地域に開かれた運営を特徴とする，いわゆる多機能型精神科診療所である。東京東部の下町において，医療と福祉の境目のない地域ケアを進める当院の実践は「錦糸町モデル」と呼ばれている。まだ全国的にも精神障害者の社会資源が乏しかった1980年代初頭に地域に憩いの場を作ることに始まり，1986年の診療所開院後は精神科デイケアの運営などによって多職種のスタッフが少しずつ増

えた。その結果，アウトリーチを含めた地域支援の可能性が拡がり機能が拡充されていった。

現在，法人内に医療サービスとして2つの精神科診療所と訪問看護ステーション，そして障害福祉サービスとして相談支援事業所と就労移行支援および就労継続支援B型事業所がある。診療所では外来診療のほかに在宅療養支援診療所として訪問診療と24時間電話対応も行っているほか，医療観察法の外来指定通院医療機関，墨田区の精神障害者福祉事業の受託，東京都成年期発達障害専門医療機関ネットワーク事業など，公的な活動も担っている。また，自費のカウンセリング機関を併設し，そこでは専門家向けのセミナーや研究会などで専門職のコミュニティを提供してきた。

III　チーム医療の工夫

当法人の多職種スタッフは，上述の複数の医療／福祉サービスに勤務し，各スタッフがなるべく各所の臨床リアリティを共有できるようにしている。また，毎日外来の終了後に行われる「レビュー」は医師や事務も含めた各所の多職種が集まる平場のミーティングである。これは顔の見えるコミュニケーションの場であり，情報共有や意見交換のほか，相互サポートにとっても重要である。

個別の支援では，外来に勤務する看護師，精神保健福祉士，公認心理師等が医師の診察の前に

「多職種面接」を行うのが特徴である（無報酬，20分以内）。これは単なる予診にとどまらず，相談，生活支援，地域連携の機能を有する。必要に応じて家族相談や他機関との情報共有，ケア会議の調整，入院の手配などを含むマネジメントも行う。こうしたインフォーマルなケースマネジメントは，職種を問わず外来の全スタッフに共通して求められるスキルである。また，心理職の担当ケースでは治療構造上の制約を念頭に置きながらも心理療法的な支援を提供することが期待されている（「心理支援加算」もこの枠を30分以上にして行う）。さらに療養生活継続支援加算や計画相談支援等のフォーマルなケースマネジメントも組み合わせるなど，地域に開かれた支援にも対応している。

　このように当院では，クライエントの必要性に応じて支援の手厚さを調整するチーム医療の仕組みを発展させてきた。ケースごとに院内のチーム構成も連携先も異なる，オーダーメイドの支援である。各スタッフは医師や他のスタッフと風通しのよい連携を保ち，医師が適切に指示を出すのを助け，自らは専門職として自律的に動くことが求められる。そのためには，組織の限界，自分の限界，時間管理，業務量などを考慮し，支援の設定やプロセスを検討するマネジメントの視点も大切である。

IV　事例
（Aさん・60歳代・男性・器質性精神障害）

1　事例の経過

　Aさんは幻覚妄想状態で近隣住民に刃物を振り回して逮捕され，都下の精神科病院に措置入院していた。大学卒後に就職し，20代で結婚，妻と娘と3人暮らしで，家のローンも払い終えており，その事件以前に精神科治療歴はなかった。定年退職した頃から気分がふさぎがちとなり酒量が増え，部屋にこもり家族との会話も減った。次第に「近隣住民が悪者である」「家族が悪者のアジトに行っている」という妄想やうめき声のような幻声に悩まされるようになり，「殺される」という思いに駆

られて行動化に及んだ。診断は甲状腺の問題からくる「器質性精神障害」で，薬物療法により2カ月程度で陽性症状は消退した。しかし，抑うつ的で意欲減退が目立ち，病床で寝て過ごすばかりで，看護師の促しにも反応は乏しく作業療法や外出にも参加しなかった。急性期のAさんに対する恐怖心から家族の面会はほとんどないままだった。近隣との示談により自宅には帰れないことが決まっており，Aさんは片道2時間以上も離れた病棟で孤独に過ごしていた。

　入院の6カ月後，地域の保健師が行政の措置入院後退院支援のために病院を訪問し，地域移行支援の導入が検討されたが，Aさんの強い不安のため導入には至らなかった。またこの頃にグループホームの体験利用も行われたが，不安が高まり途中で帰院し中断している。

　入院して1年頃，改めて保健師が訪問したのをきっかけに，病院の相談室から筆者（鈴木）に連絡が来た。筆者は多機能型精神科診療所とそこに付設された相談支援事業所に勤務し，Aさんの居住区の地域移行支援にも参画していた。病院側はAさんの年齢と臥褥的な様子から入院の長期化を懸念していた。

　筆者は保健師同伴で病院を訪問し，Aさんと面会した。「ずっと入院していたいわけではないけど，退院したいとは言い切れない」と話すAさんの声は小さく，視線は合わなかった。こちらからは自己紹介と退院支援についての簡単な情報提供をするにとどめた。「こんな病気になっちゃって，病院から出たところでどう生きたらいいかわからない。家にも帰れない。外出したくても不安」と話すAさんに，「もし外出できたらやりたいことがありますか」と聞くと，「これから寒くなるから上着を買えたらいい」と答えが返ってきた。「退院するかどうかはしばらく考えていただくとして，ひとまず一緒に上着を買いに行きませんか。返事は急ぎませんので，行ってみようと思ったらご連絡ください」と名刺を渡した。

　その2週間後，「Aさんが買い物に行きたいと

言っている」と病院から連絡があった。次の訪問ではバスで外出しパーカーを購入したが，その帰りにAさん自ら「コーヒーが飲みたい」と言うので，喫茶店で熱いコーヒーを飲みながらモンブランを食べた。その後，また病院から「Aさんが外出してケーキを食べたいと言っている」と連絡があった。次の訪問で外出してケーキを食べた帰りのバスで，次のようにAさんは語った。「まさかこの年で精神の病気になるとは思わなかった。刃物を振り回した時の記憶はほとんどないし，気づいたらこんな遠くの病院に入れられてしまって，家にも帰れない。何もかもが変わってしまった気がする。自分は浦島太郎になってしまった」。筆者は，病気になってAさんが体験しているアイデンティティの喪失と困惑，無力感，そして孤独に思いを馳せた。そこで「もし退院したい気持ちがあるのであれば私がサポートしますので連絡をください」と申し出た。その1カ月後，「退院のサポートをお願いしたい」とAさんから直接電話が入った。「入院していたくはないけど，退院が不安な気持ちも強い」と言う。筆者は「Aさんのペースを大事にして，少しずつ自分を取り戻していきながら新しい生活を見定めていきましょう」と伝え，地域移行支援の契約に進んだ。

当初は外出に慣れることを目標にしたが，長い入院生活による体力の衰えを自覚したAさんは病院でスクワットや筋トレをするようになった。徐々に自分の体が回復するのを喜んだ。

並行して筆者はAさんの妻とも面接を行うことにした。妻は「発病した時の夫がすごく怖かった。人が変わったようだった。帰ってきてもらっても一緒に暮らせる自信はない」と語った。筆者は妻の気持ちを聴くことに重点を置いたが，次第に「夫の病気は，私が仕事にかまけて淋しい想いをさせたせいではないか。でも今さらどう関わったらいいかわからない」と語るようになった。筆者は，Aさんの病気は服薬で再発予防ができることなどを伝え，次の訪問の際に妻を誘って，一緒に病院でAさんに会う機会を作った。

Aさんの「浦島太郎」になった気分には，世の中の電子化に対処できない不安も含まれていた。そこで外出の際にはその都度自分でできることを増やすという目標を決めた。ICカードを作る，ICカードで電車に乗ってみる，ICカードをコンビニで使う，さらにコンビニやスーパーでセルフレジを体験するなどを設定した。当初は戸惑いが見られたが，回を重ねるごとにスムーズに利用できるようになった。

外出に慣れてきた頃，Aさんが「入院した地域になじみがないのがつらい。地元に戻りたい」と話すようになった。ただし，「地元だったらすぐに退院したいかというとその自信はない」とも語る。そこで，入院先や保健師とも話し合い，地元に近い精神科病院への転入院（中継入院）を提案することにした。候補の病院に事情を伝えて交渉・調整し，受け入れ可能の返事をもらった。Aさんもこの提案に同意し，転入院となった。

新しい精神科病院に移ってからのAさんは，「この辺は昔，子どもとザリガニをとりにきた」「あの公園で家族とよくお花見をした」といきいきと思い出話をして，「あそこのたい焼きがおいしいから，次の外出で食べに行こう」と楽しみを見つけていった。院内プログラムにも参加するようになり，「あの公園で花見をしたいから春までには退院したい」とはっきり口にした。筆者はなるべくAさんの地元に近いグループホームを探し，ショートステイを開始した。このショートステイ中には妻と外食をしたり，観たい映画をレンタルしたりと楽しみが増えた。ケア会議を行い，ショートステイに伴う不安などをAさんとともにチームで振り返り，退院後を想定したアセスメントを共有した。Aさんは単身生活のイメージが持てるようになり，またAさんも妻も退院後の互いの距離感をイメージできたようだった。そして，ついにAさん自身が「もう退院できると思う」と決心し，自宅の隣の区にあるグループホームに退院した。入院して3年が過ぎていた。

退院後のAさんは，筆者の勤務する診療所に外

来通院し，孤立を防ぐためにデイケアの利用も開始した。筆者は外来での多職種面接を担当し，医師，デイケアスタッフ，訪問看護師と連携し，同時にケースマネジメント（計画相談支援）の担当者として地域の保健師やグループホームとモニタリングやケア会議などを通じてAさんを支える形をとった。

　Aさんは，「退院できたけど，今までのような人生ではなくなった」「なんで病気になってしまったんだろう」と一時的に抑うつ的になることがあり，その一方で楽しみを見つけようと読書や映画鑑賞に軽躁的に没頭することもあった。筆者はこうしたAさんの揺れに寄り添った。その後Aさんは「発病した時も，退職して何をしたらいいかわからなくなったのがストレスだったのだと思う。少しでもいいから仕事をしたい」と語るようになり，自ら短時間のパート先を見つけた。その勤務先では以前の仕事を活かした技術が評価され，今では「仕事のあとの銭湯が楽しみ」と笑顔を見せる。そして，毎回の受診後には妻とランチをするのが習慣となっている。

2　事例の考察

　Aさんにとって，退院しても自宅に帰れない現実は，家族や地域から見捨てられた体験になり，退院に対して「したいけどしたくない」というアンビバレンスを生じさせていた。それが自らの病気を受け入れがたくし，孤独や無気力をもたらしていると理解された。当初Aさんの退院への準備性は不十分で，すぐに退院を提案すれば不安を増悪させる可能性があった。そのため，Aさんの想いを見定めながら筆者との関係性を温めて待つ必要があった。その後の家族への介入や中継入院，ショートステイにおいても，Aさんのアンビバレンスを和らげる目的で，準備性と関係性をアセスメントしながら介入のタイミングを図った。退院後も家族や地元とのつながりを持って暮らせる実感を持てたことが，Aさんに退院を決意させたと推測される。また，筆者が退院支援の入り口から

退院後の地域生活まで，ワンストップでシームレスにサポートする設定も，Aさんに安心感をもたらすものであったと思う。

　筆者は，Aさんが自らを「浦島太郎」と表現したことをアイデンティティクライシスと捉え，その想いや痛みに触れることが地域移行支援の第一歩となった。退院までのプロセスは，Aさんの連続性を確認しなぞる作業であり，Aさんが主体性を回復していく過程でもあった。それは病を得た自分を受け入れることに葛藤するAさんに並走する作業であり，退院までの道のり自体がAさんのモーニングワークであったということもできるだろう。

3　心理職がケースマネジメントを行うこと

　ケースマネジメントでは，クライエント本人のみならず，家族，関係者，チーム，地域をアセスメントし，自らの役割を踏まえて，どのタイミングで，何をどこまでするか／しないかを見立てる。個人面接においても本来同様の視点が必要だが，構造化されず，変数が統制されていないという点ではケースマネジメントのほうが応用編であると思う。

　心理職である筆者（鈴木）がケアマネジメントを行うことについて，当初から葛藤がなかったわけではない。心理職の基本は個人面接であると学び，そう考えていたからである。個人面接の基本がおぼつかないなかで，ケースマネジメントに取り組むことは，時として心理職としてのアイデンティティを脅かす体験であった。今振り返ると，その考えや体験自体がケースマネジメントへの主体的な取り組みを阻んでいたように思う。職種の限界はさておき，まずは「何をすることが目の前のクライエントの役に立つのか」を主体的に考える姿勢を持ちたい。個人面接においても，ケースマネジメントにおいても，おそらく基本は変わらない。クライエントの想いや痛みに触れ，それ自体をクライエントの理解に活かし，クライエントに還元していくこと——そのように考えるように

なってから，心理職としてケースマネジメントを行うことが自分のなかで自然に統合されるようになった。

V おわりに

本稿では，多機能型診療所における心理職による地域移行支援（アウトリーチ）の事例を紹介した。保護的だが閉鎖的な入院環境にいるクライエントに対して，訪問による面談や外出同行という支援構造のなかで，心理療法家として磨いてきたアセスメントやスキルが活かされていた。そこでは，制度やサービス利用を含むサポート環境への視座と，クライエントの個人史の文脈を踏まえて介入するセラピストの視点が含まれているが，心理職によるマネジメントは本来そのようなものであろう。

当院では，心理職は外来スタッフとしての基本スキルを身につけながら，各々が自分の得意分野を背景に持ち，心理療法や家族支援，心理検査，グループワークなどでその専門性を発揮している。それらはいずれも地域支援でも必要とされるだろう。

精神科領域における心理職は，診療報酬上の位置付けがないなか，しかしながら現場では必要とされつづけてきた。最近では心理支援加算が診療報酬として新設されたが，アウトリーチやケースマネジメントなど，地域ケアで実施可能な活動の診療報酬化も期待される。さらに今後は，自治体の自殺対策やメンタルヘルスの啓発活動など，さまざまな形で地域に貢献する機会も増えるだろう。

● 備考

本稿の執筆にあたり，事例報告についてクライエントに対面で許可を得ている。また個人情報保護の観点から内容の一部に改変を加えてある。

● 文献

東健太郎 (2015) クリニック運営の工夫とコツ―ソーシャルワーカー・心理療法士の立場から．In：原田誠一，松崎博光 編：外来精神科診療シリーズ メンタルクリニック運営の実際．中山書店．

窪田彰 編著 (2016) 多機能型精神科診療所による地域づくり―チームアプローチによる包括的ケアシステム．金剛出版．

祖父江典人 (2010) 精神分析的ソーシャルワーク援助試論．臨床心理学 10-2；214-222．

❹ 事例で読み解く地域精神保健福祉②──連携のコアプレイヤーたちの格闘

心理士が就労支援専門員になったワケ

多職種協働を積み重ねてたどりついた，専門性を活かせる場

中岡恵理 Eri Nakaoka

希望ヶ丘ホスピタル

I　はじめに

　私は，地方の単科精神科病院の心理士であり，現在は院内の就労支援チームにおいて専任就労支援専門員（Employment Specialist : ES）を務めている。児童や思春期の心理臨床に関心があって臨床心理士養成大学院に進学し，最も病態水準の高い方々と出会う精神科病院で経験を積むことで，学校や地域で対応できるスキルを身につけられると考え，最初の臨床の場として精神科病院を選んだ。

　ところが，勤務を続けるなかで，魅力的なプログラムや仲間たちにたくさん出会い，そのまま同じ職場で働き続けることになった。そして，気づけば今は多職種協働型の就労支援チームで「コアプレイヤー」という立場を担っている。なぜ心理士である私が，ここに至ったのか──これまでの経緯を振り返りながら，心理士が就労支援に取り組む意義について考えてみたい。

II　家族心理教育との出会い

　私が就職した2004年，厚生労働省から「精神保健医療福祉の改革ビジョン」が打ち出された。当院でも「入院医療中心から地域生活中心へ」という流れを受け，「退院支援」や「地域移行」の取り組みが始まったが，当時の私は目の前の業務に必死で病院全体の動きを感じ取ることはできていなかった。社会資源が乏しく精神科クリニックが1軒もない地域だったため，外来の待合室はいつも患者さんで溢れており，私は日々，物忘れ外来や発達外来の心理検査の対応で精一杯だった。病棟のSSTなどにも参加はしていたが，カウンセリングでケースを担当し始めたのは就職して1年半以上経過してからだった。

　転機となったのは入職3年目。退院支援を進めるなかで家族支援の必要性を感じた前院長から，研究プロジェクトに参加して，院内で家族心理教育プログラムを立ち上げるリーダーの役割を与えられたのである。経験の浅い私が多職種チームのリーダーとして選ばれたのは，「心理教育だから心理士がやったらいい」という冗談のような理由からだった。家族心理教育を学び始めたばかりの3年目の心理士が，ベテラン看護師に指示を出すことによる反発，理論的背景の異なる多職種での認識のズレ，引き受けることと任せることのバランスを取る難しさ……苦労や試行錯誤の連続だった。しかし，これが，多職種で互いの専門性を活かしながら，ひとつのプログラムを一緒に支えることの肯定的側面を実感する最初の経験となった。また，研究プロジェクトに参加して，医療機関で新規のプログラムを導入・運営する際のノウハウを学びながら実践を進めることができた。その学び

が，その後，複数のプログラムの導入や運営をしていく上で非常に役立った。また，家族との関わりは大きな学びや気づきをもたらし，ライフワークと言えるほど家族心理教育は今の私にとって重要なものとなっている。

家族心理教育を担当したことをきっかけに，院外に出て行く機会が増え，全国各地に多職種の仲間ができ，次第にネットワークも広がった。おかげで他職種の視点や思いを知ることもでき，新たな実践や学びの機会についての情報も豊富に得ることができた。気がつけば多職種で集う学びの場に身を置いていることに居心地の良さを感じるようにもなっていた。

III　就労支援チームの立ち上げ

"リカバリー志向"を目標に掲げる当院では多職種協働はデフォルトとなり，心理社会的プログラムは充実していたが，それらが体系化されていないという課題も浮き彫りになっていた。5年ほど前，それを解消する仕組みについて検討することを，院長から私と一人の精神科医に命じられた。検討するなかで，当院に不足していたプログラムを新たに取り入れながら既存のプログラムと組み合わせ，明確にリカバリーに向けて歩めるようなシステムを構築するという方向性が見えてきていた。そのタイミングで参加したVCAT-J（Vocational Cognitive Ability Training by Jcores）の研修や近県での就労支援の実践報告に刺激を受け，私たちは認知機能リハビリテーションとIPS（Individual Placement and Support）個別就労支援を取り入れることを決意する。

IPSは，長らく主流とされてきた職業準備性を向上させることを重視したTrain-Placeモデルの就労支援とは異なり，本人が「働きたい」と希望すれば迅速に一般企業への就職に向けて動く。働くことを通じて必要なスキルの向上を目指すというPlace-Trainという考え方に基づいている。本人の希望を最優先し，個々のニーズに応じた柔軟なアウトリーチ型の支援を展開することが求められ，

こうした理念は「IPSの8つの基本原則」として明示されている。国内外の多くの研究によってその有効性が示されているものの，診療報酬上の問題から日本の医療機関での導入には多くの障壁があった。

チームリーダーとともに実務の責任者は私が担い，チームの立ち上げに向けて具体的な準備を進めた。立ちはだかるいくつもの課題を解決する工夫を考えて組織内の承認を得ていくプロセスにも，前述の家族心理教育プログラム立ち上げの経験が役立った。チームを構成する際は，「認知機能リハビリテーション」と「就労支援」，それぞれに活かせる専門性や経験を持った多職種を意識して選定した。それぞれの実践についてより深く学ぶために，すでに導入している他機関と繋がり，課題解決のための工夫も教えていただいた。

また，私に期待されたのは，チームの中心となって実務を担うことに加え，心理士としてプログラムの効果測定を目的とする評価尺度の選定や検査の実施など，アセスメント力を活かすことでもあった。IPSモデルでは，標準化された検査や評価尺度に基づく職業評価よりも，本人の希望やストレングスを的確にアセスメントし，柔軟な支援計画を立てることが重視される。個別アセスメントのスキルやそれらを言語化して本人や他職種と共有する過程で，心理士の職能の強みを発揮できるプログラムと言える。

IV　就労支援専門員（ES）として地域へ

こうして2021年，当院の就労支援専門チームが始動し，私もESとして新たな一歩を踏み出した。ただ，当初はチームの全員が兼任で，私もカウンセリングや心理検査，デイケアでのプログラムなどと並行しながら個別就労支援を行うこととなった。

ESの仕事は，これまでの心理士としての姿勢と異なる点も多く，最初は心理的負担も少なくなかった。面接室で面談をしたり利用者同士で意見交換をするような集団プログラムに参加したりと

院内で過ごす時間もあったが，外に出て行く時間が一気に増えた。利用者が希望すればハローワークや会社見学にも同行した。新規求人開拓のために，地域の企業に出向いて当IPSチームの活動紹介をし，雇用に繋がるよう会社のニーズをヒアリングした。個々のケースにおいて多機関連携の最前線に立つことは，たしかに大きなプレッシャーだった。これまで院内の面接室でクライエントの来談を待っていた姿勢からの転換を求められ，そこに戸惑いを感じていたのは私だけではなかった。

企業訪問のためスーツ姿で院内を歩く心理士に不審そうな目が向けられることも，企業の都合に合わせて動く姿勢を注意されたこともある。企業からの電話も「担当者が不在なのでまたおかけ直しください」と処理されていたことに気づかず，せっかくの見学の機会を逃してしまったときには，医療機関の受け身な姿勢に，これまでの自分を棚に上げて憤慨したこともあった。特にコロナ禍で医療従事者の多くが行動を制限された環境で業務を行っていたこともあり，頻繁に外出する私たちの姿は院内では非常識に映っていたようだ。アウトリーチ型の支援は，そもそも当院の文化には馴染まないのだ……と気持ちが萎えかけたこともあった。

それでも，チームのなかで課題解決に向けた話し合いを持ち，一つひとつ工夫しながら乗り越えた。IPSの哲学に立ち返り，私たちがストレングス志向でいることの重要性を繰り返し共有した。また，定期的な実績報告や，チーム外の多職種とのこまめな情報共有を行うことで，成果が評価されるようになり，それに伴って少しずつ活動もしやすくなっていった。チーム立ち上げから3年目には，オフィスもないたった一人だけの就労支援班という部署が立ち上げられ，私は専任ESに任命された。

ESと心理士の姿勢には異なる点もあったが，共通点も少なくない。個別支援の重要性は，心理士として当然認識していたし，ストレングスに焦点を当てることはカウンセリングでも大切にしてき

た。IPSで重要とされる，本人の希望や主体性を尊重すること，これまでの経験やニーズにしっかりと耳を傾けること，利用者自身が持つ力やリカバリーを信じて寄り添う姿勢は，心理士としての基本姿勢でもある。複数の利用者の就職活動・就業継続に伴走するなかで，心理士の専門性とIPS哲学の親和性の高さにも気づくことができたのだ。特に次の事例は，"心理士だからこそできた就労支援"と言えるだろう。

▼ 「働きたい……でも，こわい」

事例＝A氏は30代半ばの男性で，不安障害の診断を受けて通院中。

専門学校卒業後にクリニックで助手として勤務していたが，職場での人間関係のトラブルによって就労に対して恐怖心を抱くようになり，10年以上自宅に引きこもって過ごしていた。長い治療期間を経て，X−1年からデイケアに通えるようになる。「働いて，いずれは一人暮らしをするのが夢」「でも，一人だとこわい」と訴える本人の希望で，X年，就労支援チームに繋がった。

私がESとして関わるようになった頃のA氏は，どんな仕事がしたいかという希望もなく，働くことへのイメージも持てていなかった。その反面，避けたいこと，苦手な事柄や不快になる状況などは具体的に述べられたため，それらを整理して視覚化することを提案すると，A氏も意欲的に取り組むようになり，強みや仕事に活かせる力も盛り込んだ「トリセツ」を一緒に作成した。

これまでの経験を聴くなかで，幼少期から同級生と比べてできないことが多いと悩んできたこと，想定外のことや新しい場面がストレスになっていたという情報が得られる。「どうしてみんなと同じようにできないのか知りたい」との希望を受け，主治医とも見立てや情報の共有を行い，改めて発達検査による特性理解を勧めた。WAIS-IVの結果から，言語理解力の高さに比べて視覚的情報処理の低さが認められ，改めて母親から成育歴を聴取し，A氏の持つ困難さへの新たな診立てを，本人を

含む関係者で共有できた。この結果をもとに「トリセツ」を再度ブラッシュアップし，職探しや就労後の企業との合理的調整にも役立てていった。

就職活動のプロセスでは，これまで怖くて引き返していたハローワークに，ESが同行することで十数年ぶりに足を踏み入れることができ，職場のイメージを持ちやすくするための会社見学にもトライした。頻回の面談や見学同行で気づいたA氏のストレングスや肯定的な変化は，ESからこまめに伝え「トリセツ」にも書き加えられた。動けば動くほどA氏の恐怖心は和らぎ，「働けそう」という自信が少しずつ高まった。「苦手なことを理解してもらいながら安心して働きたい」との思いから障害者雇用の求人に応募することを決め，IPS利用開始から約半年後，複数の事業を展開する事業所が運営する小売店への就労を果たした。

その後も紆余曲折あって離職や転職も経験しながら，現在はもとの事業所に戻り，別の部署で事務補助や清掃の業務に携わっている。A氏の好きな「体を動かすこと」「マイペースに一人で黙々と作業すること」「人と楽しくおしゃべりすること」のどれもが含まれており，「今は家にいるより仕事に来ているほうが楽しい」と，会うたびに笑顔で報告される。A氏の「働きたい……でも，こわい」に寄り添った支援の終了は近そうである。

VI　心理士が就労支援をする意義

A氏への就労支援事例では，心理士が得意とする「関係づくり」「アセスメント」「見立てに基づく個別性の高い支援」「専門職以外とアセスメントを共有する際に重要な通訳的役割」が役立ち，適性のある職探しと雇用主との関係構築，それによる安定した就労に繋がった。こうした経験を通じて私は，「心理士は就労支援に向いている」と捉えるようになった。以下3点のような，就労支援において強みとなる心理士の専門性があるからだ。

第一に「クライエント理解のための多面的アセスメント力」である。就職し，さらに安定して働き続けるためには，精神症状や発達特性だけでな

く，家族関係や過去のトラウマ体験，対人関係パターンや対処スキルなどを含めた包括的理解が重要となる。それをベースに支援プランを組み立てていくのは，心理士の日常業務である。さらに，多職種協働においては，利用者本人のみならず，チームの力動やコミュニティ全体，他のスタッフの適性についてもアセスメントし，チーム作りや力点の置き方を検討することも欠かせない。

第二に「多職種をつなぐ通訳力」である。利用者と企業，機関内の他職種，家族と支援者——それぞれ理論的背景や経験，文化の異なるもの同士を繋ぐには，しばしば通訳が必要となる。内面や文脈の理解のために相手の語りにしっかりと耳を傾け，それを他者の腑に落ちるように共通言語に落とし込むといった，伝わるための工夫を凝らす作業は，心理士の得意とするアプローチのひとつであろう。例えば特性に配慮した業務遂行上の工夫の例を文書化することも，心理検査のレポートを書いてきた心理士は他職種よりもスムーズにできるはずだ。

第三に「関係づくりのプロフェッショナルであること」を挙げる。就労支援においてマッチングは重要だが，就職してただ働き続ければ良いわけではない。本人・家族・支援者・企業の連携が大切であり，関係者全員の心理的安全性を確保することで本人の安定的な生活と就業継続が成り立つのである。個々の関係者と信頼関係を構築し，それを基盤にした介入，調整・橋渡しは，心理士こそが担うべき役割であると考える。

ただし，上記のようなスキルは心理士が独占するものではない。だからこそ，自身の専門性を磨き，多職種チームのなかで効果的にスキルを発揮できるよう準備をしておく必要がある。私も，多職種で協働し，他機関や他業種と関わっていくなかで刺激を受け「もっともっと理解を深めてスキルを高めたい」と，新たな学びの場へと導かれていったのである。

VII　おわりに

　本稿執筆にあたってこれまでを振り返るなかで，冒頭で述べた「なぜ心理士が就労支援のコアプレイヤーとなったのか」という問いの答えは自ずと導き出せた（むしろ必然だった，というのは言い過ぎだろうか）。少なくとも，ESの業務には，これまでの精神科病院勤務の心理士としての専門性や，院内外でのさまざまな経験が全て強みとして活かされていることは断言できる。

　もちろん，上手くいかなかったケースも少なくない。その利用者には申し訳ない気持ちも抱くが，その経験を丁寧に考察しながら，ストレングス志向や"失敗も財産にする"という，心理士もIPSでも大事にしている考え方を意識して今後に活かしたい。また，長く病院内で働いてきたからこそ，病院外の地域に出て，利用者や他職種，関わる企業の方々から学ぶことが多いという事実は忘れてはならないと思う。「互いの違いを尊重し，それぞれのストレングスに目を向け，それを最大限に輝かせる方法を見つける」という姿勢を大事に，今後も多職種とともに地域で活動する心理士でありたい。

●文献

後藤雅博, 伊藤順一郎 編（2008）統合失調症の家族心理教育. 現代のエスプリ. 至文堂.

池淵恵美（2009）こころの回復を支える 精神障害リハビリテーション. 医学書院.

中原さとみ, 飯野雄治 編著（2010）働くこととリカバリー——IPSハンドブック. クリエイツかもがわ.

野中猛（2014）多職種連携の技術——地域生活支援のための理論と実際. 中央法規出版.

サラ・スワンソン, デボラ・ベッカー［林輝男 訳・編］（2017）IPS就労支援プログラム導入ガイド——精神障がい者の「働きたい」を支援するために. 星和書店.

サラ・J・スワンソン, デボラ・R・ベッカー［林輝男 監訳］（2021）IPS援助付き雇用——精神障害者の「仕事がある人生」のサポート. 金剛出版.

津川律子（2009）精神科臨床における心理アセスメント入門. 金剛出版［改訂増補＝2020］.

津川律子 編（2012）臨床心理士のための精神科領域における心理臨床. 遠見書房.

4 事例で読み解く地域精神保健福祉②──連携のコアプレイヤーたちの格闘

アディクション臨床とケースマネジメント

河西有奈 Arina Kasai

白峰クリニック

I　はじめに

「アディクションは，心理カウンセリングだけでは歯が立たない」という無力感とともに，アディクション臨床と出会った頃を思い出す。筆者が勤務する精神科クリニックには依存症の専門外来があり，20数年前にそこで初めて多くのアルコール依存症やさまざまなアディクションのケースと出会った。当時は主に心理カウンセリングを担当しており，「傾聴・共感・理解」といった基本をベースに信頼関係の構築につとめ，運よく多くのケースは命を落とすことも中断することもなく通ってきてくれた。しかしながら，アディクション症状としての飲酒は簡単には止まらず，薬の乱用や，過食，自傷もなかなかおさまらなかった。また，アディクションは身体，精神，生活，家族など多面的な関連問題を引き起こすため（樋口ほか，2018），支援者や家族が症状そのものをやめさせようとしても，本人の困りごとは「症状を止めたい」ではなかったりすることも少なくない。面接室の中だけではなかなか変わらないアディクション症状は，どのような支援や治療のアプローチで変わっていくのだろうか？

特に印象に残っているのは，「グループの力」によってもたらされる回復への変化である。勤務先のクリニックには大規模なアルコールデイケアが

あり，集団療法を行っていた。「同じアルコールの問題を抱える他者の話を聴き，正直に自分の体験を語れること，それを安心して話せる場，聴いてくれる仲間の存在があること」は，孤立感を和らげ，本人の行動変容を促す大きな力となる。仲間とともに，飲酒によってもたらされた問題を見つめ，飲酒を伴わない考え方や行動を身につけていくプロセスは，医療者だけでは提供できないものがある。

また，多職種チームによる支援も有効であり，医師，看護師，精神保健福祉士らと連携することで，個別支援では難しい包括的な対応が可能となる。そのような多職種協働は，それ以前に勤務していた児童福祉や精神医療の現場で行っていた心理療法とは異なる部分が多く，学んできたこととの差異に多少の戸惑いもあった。しかし，本人たちがグループで語る姿や，実際に回復方向に舵を切り変化していく姿を見ていると，戸惑いよりも「人は変わっていくのだ」という感動の方が大きく，その変化と心情を話してくれる心理カウンセリングは，筆者にとって貴重な学びの場であった。さらに，「依存症の回復支援において，精神科医療はサポートの一面，すべての問題に対処できるわけではない」という言葉を先輩からかけられ，社会資源との連携も不可欠であることも学んだ。生活困窮や法的問題，家族支援など，関係機関との

協働による包括的な支援が，アディクション臨床において重要であることを実感した。

このように筆者はアディクション臨床に出会って比較的すぐに，「グループによるピアサポート，多職種連携・多機関連携」がもつ支援の力を体感することになった。それゆえ，冒頭に述べたように，心理カウンセリングのみで対応しきれない無力感に駆られながらも，同時に，他職種と協働することや地域と連携していくことに対してオープンマインドになれたのだと思う。

一方で，勤務から20年が経過した現在，「一対一の心理療法的なかかわり」がもつ力と役割を再認識している自分もいる。必要な支援を提供するためには，本人の困りごとや状況を本音で話してもらわなくてはニーズが把握できない。そのためには，本人が苦しい気持ちを話そうと思える信頼関係が構築されていなければならない。そもそも，「この人に会うことに意味がある」という信頼関係がなくては，継続して通ってくることもない。依存症の治療を求めてくる人のなかには，「小児期逆境体験の背景をもち，感情調節を行う上で人を頼らず乱用物質に頼るように」なってしまっている人もいる（小林，2019）。また小林（2019）は「依存症の回復とは，小児期逆境体験によって一度断ち切られた人とのネットワークを再構築することである」とも述べており，一対一の治療関係は人への信頼を取り戻す入り口に位置することが少なくない。Tatarsky（2012）が「継続面接に基づくよい治療関係は，変化をもたらす上で基盤となるよい支えと安全感を作り出す」と指摘しているように，一対一の支持的・共感的な関係性を継続していく枠組みがあってこそ，安心して自分と向き合い変化の一歩が踏み出せるのである。もちろん他の職種も一対一の信頼関係を大切にしながらかかわっているが，「かかわりにくいケース」や「つながりにくいケース」との関係性の構築に，心理職の強みがさらに活かせるとよいと思う。一対一の継続的な関係性を土台にしつつ，目の前の人に必要な支援をしっかりと把握し，ケースマネジメ

ントや多職種協働・多機関連携も適宜行えるようになると，心理療法的なかかわりの継続的な効果をさらに高めることができると考える。

本稿では，心理職の強みや臨床力を示しつつ，そこにケースマネジメントや多職種協働・多機関連携の視点を加え，アディクション臨床における心理職の役割拡大の可能性について考察する。

II　アディクション臨床とは何か

アディクション，依存症，嗜癖という用語は臨床現場でほぼ同義に使われるため，本稿でも併用していることを申し添えたい。アディクション／依存症／嗜癖とは，特定の物質や行動の繰り返しによりコントロールを喪失し，やめたくてもやめられない状態を指す。その対象は物質に限らず行動やプロセスなどアディクション問題は多岐にわたる。

治療においては，依存行動を断つ，あるいは低減を目的とした医学的・心理社会的アプローチがとられる。依存の背景には，環境要因，心理的困難，生育歴に基づく生きづらさなどが影響している場合が多く，これらを考慮した継続的な支援が重要とされる。

Khantzian & Albanese（2008）は，アディクションを「心理的苦痛に対する自己治療」とする「自己治療仮説」を提唱している。また，松本（2022）は「アディクションは長期的には自殺の危険因子だが，短期的には保護因子として機能する」と指摘する。この観点から，単に依存行動を抑制するのではなく，依存対象に頼らず生きられるよう支援することが求められる。そして回復方向に向かったら，ピアサポートや自助グループ，地域支援などにつなげていくことが大切である。

III　心理職によるケースマネジメントの実践

1　事例

心理職によるケースマネジメントについてより実践的に考えていくため，ここからは架空事例をあげ，事例に沿って述べていきたい。なお，事例

は個人情報保護に配慮し，複数事例を組み合わせ改変した架空ケースである。

●事例Aさん・30代女性

家族構成：4歳の娘Bちゃんと二人暮らし

主な診断名：アルコール依存症

併存する問題：自傷行為，市販薬乱用，ASD（自閉スペクトラム症）傾向による対人関係の困難

生育歴：父が大酒飲みで，飲酒時に母に暴力を振るう家庭環境で育つ。母もAさんの行動にイライラして，時々手をあげることがあった。

現病歴：Aさんは20代で家を出てから飲酒が増え，酩酊時に自傷や市販薬乱用を繰り返した。未婚で出産後，保健センターからの紹介で依存症専門クリニックCを受診した。治療プログラムには拒否的で参加せず，断酒と再飲酒を繰り返しながら通院していた。ある夜，飲食店でのトラブルで警察が介入し，Bちゃんが児童相談所に一時保護された。Aさんは混乱した様子で受診し，「子どもを返してほしい」と感情的に訴えたため，主治医のオーダーで心理士DがAさんに診療サポートとして話を聴くことになった。「子どもを返してほしい」というAさんの訴えを丁寧に聴きながら，子に会うために必要なプロセスを共有し，継続的に会うなかで，児童相談所が指摘するアルコールの問題への対応にも少しずつ取り組みはじめた。

また，「対人関係も子育てもうまくいかない」との悩みが本人より話されたことから，主治医が心理検査をすすめたところ了承し，心理士DがAさんに発達検査，およびSCT（文章完成法）などのパーソナリティ検査を実施した。検査の結果，「ASD傾向」の特性が認められ，コミュニケーションの苦手さにつながる結果をAさんにわかる言葉で丁寧に説明したところ，「あてはまっていると思う」との感想だった。SCTの結果説明を聞いた後，「Bは大切。ちゃんと世話できない自分を責める気持ちがある」「父親の飲酒が嫌だったのに，今は自分も飲んでいて最低」など，内面にある気持ちを自ら言葉にしてくれた。Aさんが飲酒する背景には，

孤立感や一人で子育てをする不安があるものと考えられた。そこで心理カウンセリングでは，少しずつ「適切な感情表現を学ぶこと」「助けを誰にどう求めたらよいのか」などのテーマも適宜取り上げていった。

それまでAさんは児童福祉機関や保健センターとの関係が悪く，また警戒心も強いため支援が入ることには拒否的であった。また支援機関の一部では，支援を拒否するAさんの言動や，飲酒などの問題が「少しも改善しない」ことについて，若干の陰性感情がみられるようにもなっていた。そこで，心理士Dが児童相談所にはたらきかけ，Bちゃんの家庭引き取りに向けて地域支援者会議を開催した。会議では，各機関の今までの苦労を皆で共有しつつ，クリニックでの主治医の診断，治療方針，および心理検査からみられるASD傾向などを伝えた。また，Aさんには内心，「子育てがうまくやれなくてつらい，飲酒問題から回復したい」という気持ちがあるのだが，それがうまく表現できずにいること，人を拒否するAさんの背景には，生育歴の影響による対人困難の可能性があることなどを，心理士Dから報告した。Bちゃんの家庭引き取り後は，診察・カウンセリングの継続に加え，作業療法グループへの参加，児童相談所の相談継続，訪問看護支援を受け入れ，支援体制が以前より安定していった。

2　アセスメントのポイント

1．アディクション支援におけるアセスメントのポイント

①リスクアセスメント

リスクアセスメントでは，身体的・精神的・社会的な観点から，本人および家族に対する生命や安全に関わる問題がないかを早急に評価する必要がある。

- **身体的リスク**：急性中毒状態，離脱症状の重篤化，肝不全などの臓器障害，低栄養や脱水など。
- **精神的リスク**：自殺のリスク，アルコール精神病

の症状など。

- 社会的リスク：家庭内暴力，犯罪行為など。

特に，事例Aさんには飲酒による店でのトラブル，家庭内での子へのネグレクトや心理的虐待といった社会的問題があり，早急に介入する必要があった。

②依存症状および関連問題のアセスメント

依存症状や関連問題に加えて，「回復に向かうための本人の健康な力，強み，動機付けとなる要素」もアセスメントの対象とする。

- 依存症状の評価：依存行動の量・頻度・時間，離脱症状の有無などを把握する。
- 依存症による影響の評価：身体・精神・社会生活・家族等における問題を明確にする。
- 依存症の背景要因の理解：ストレス，不安，抑うつ，トラウマ経験，生育歴などの要因を考慮する。

③治療が必要な合併障害や心身の問題のアセスメント

医療機関においては，医師による問診やスクリーニング検査を通じて，合併障害や心身の問題を評価しているが，心理検査の実施により，認知機能や発達特性を含む心理的視点からのアセスメントが併用されることも少なくない。

④ニーズや治療動機のアセスメント

アディクション問題は，必ずしも症状の軽減や消失が本人の治療ニーズとは限らない。ニーズのアセスメントは，本人の困りごとや受診の動機を把握し，継続的な治療へとつなげるために不可欠である。

- アディクション問題について，本人がどのように理解し，どうしたいと考えているのかを聴く。
- 依存症状以外にも，本人が抱えている困難や辛いこと，話したいことを言語化してもらい，それに

基づいて支援を行う。

Aさんの場合，「子どもを取り戻したい」という強いニーズがあった。この気持ちを共感的に傾聴し理解した上で，現在の状況を整理し，本人のアルコール問題には段階的にアプローチしていった。

2．心理検査の「つながる機能」と「架け橋機能」

事例Aさんへの心理検査は，対人関係の困難やそれを言えなかった気持ち，生育歴を語るきっかけとなった。支援担当者が検査を担当したことで，カウンセリングで取り組んでいく新たな課題の共有につながった。また，支援者間の情報共有によりAさんについての理解も深まり，支援者の陰性感情が和らいだ。結果として，関係機関の支援再開の架け橋として機能したと考えられる。

心理検査には，検査そのものの機能だけでなく，「つなげる機能」や「架け橋機能」がある。治療意欲が低い，あまり話さない，防衛が強いといった「支援につながりにくい」患者も，検査という枠内ではかえって関係性が築けることがあり，検査内容を通じて治療者が理解を深め，本人との関係が深まることがある。また，検査者が支援者として耳を傾けることで，治療意欲が高まり，「語りたい気持ち」が引き出される場合もある（河西，2020）。吉村（2015）も，「検査の実施と結果のフィードバックが治療面接の橋渡しとなる」と指摘しており，フィードバック自体が治療・支援の一過程となりうる。

3　心理職によるケースマネジメント

1．心理職がケースマネジメントを担う利点

アディクション臨床において，心理職がケースマネジメントを担う利点を以下に示す。

①心理的視点を活かした包括的支援

依存の背景に「トラウマ，生育歴の問題，ストレス，思春期の課題」などの心理的要因がある場合，心理職は心理アセスメントや関係構築スキル，

動機付け面接法を活用し対応することができる。また，発達障害やパーソナリティ障害，あるいは何らかの合併障害を抱えるケースでは，心理アセスメントの結果により本人の特性を共有した上で多職種と連携する包括的支援が可能となる。

②継続支援の効果

継続的なカウンセリングを行うことで信頼関係が築かれ，それが土台となって環境変化による不安を軽減し，新たな治療や支援につなげやすくなる。依存症者のなかには対人関係に困難を抱える人も多く，心理職の関与は支援の円滑化に寄与する。また，本人の状態や経過を熟知しているため，支援者会議でもケース理解を深める役割を果たせる。

事例Aさんは当初，子育て支援を拒否していたが，心理職の働きかけにより児童相談所や保育園と連携できるようになり，支援が安定した。支援者の継続的な関与は，環境変化への適応を促し，支援の効果を高めることが期待できる。

2．心理職によるケースマネジメントのポイント

心理職がケースマネジメントに関与する際は，「支援において必要なことは何か？ 本人のニーズは何か？」を正確に把握し，それを基に適切なケアチームを組織・参加することが重要である。

筆者は支援方針を考える際，次のような問いかけを自分自身に行っている。

「これは自分が対応できることなのか？」
「面接室内で対応可能か？」
「院内での多職種協働が必要か？」
「多機関連携を図る必要があるか？」

この見極めが，適切な支援ネットワーク構築・参加の基盤となる。支援ネットワークに参加するために日頃から培っておきたいポイントは次の3点である。

①自職種の「できること・できないこと」を明確に

する。
②必要な支援が提供できる職種や関係機関を把握する。
③関係機関と良好な関係を築き，円滑な連携を維持する。

これらを意識的に進めておくことで，より効果的なケースマネジメントが可能となる。

4 バリア（障壁）とトラブル（問題）

心理職がケースマネジメントを行う際のバリアは，内的要因と外的要因の両方がある。また，支援の過程で直面する可能性のあるトラブルについても課題として取り組んでいく必要がある。それぞれについて以下解説しよう。

1．外的要因

①医療機関側の認識と制度の問題

多くの医療機関では，心理職の役割にケースマネジメントや地域連携が含まれず，支援の幅が制限されがちである。より積極的に関与していくためには，心理職が主治医や他職種と連携し，協働する機会を増やしていくことがひとつである。その際，他職種と重なる業務や職種関係なく協働する業務については，積極的にコミュニケーションを取り，互いを尊重しながら共に働くことが大切である。

②医療経済的な課題

地域連携には診療報酬がつかず，医療機関の優先度が低くなりやすい。しかし，心理職によるケースマネジメントは，継続的な関係性や心理的アプローチを支援に活かせる点で有効であり，地域との連携強化は医療機関の価値向上にもつながる。このような重要性を医療機関側に理解してもらうには，他職種・関係機関との良好なコミュニケーションが不可欠であり，心理職としてできることを明確に伝えていくことも重要である。

2．内的要因——心理職側の抵抗感や意識の低さ

従来，心理療法では面接室内での内面へのアプローチが重視されてきたが，環境要因への働きかけもそれに劣らず重要である。社会生活にリスクがある場合，適切な支援につなぐための知識やスキルが求められるが，心理職の多職種連携スキルは十分とは言えない。実践を通じたトレーニングが必要である。

3．トラブルとその対応——本人との距離感や支援の限界

アディクション問題は，治療や支援で改善が見られる場合もあるが，変えられない症状や環境，家族の問題も存在する。支援者は，自身の無力感や燃え尽きを防ぐためにも，支援の限界を理解し，多職種・多機関と適切に連携することが重要である。他の支援者と意見が一致しない場合でも，防衛的態度や自己卑下に陥らず，ケースの利益を最優先に考え，良好なコミュニケーションを維持する必要がある。このような力をつけるには，臨床経験を積み，実際のケースから学ぶ姿勢が不可欠だろう。

IV　おわりに

本稿では，心理職の強みである「継続的な個別支援」「信頼関係の構築」「心理療法的視点」「心理アセスメントの活用」が，アディクション臨床にどう活かせるかを論じ，心理職によるケースマネジメントの重要性を考察した。アディクション問題は，身体・精神・社会生活・家族など多方面に影響を及ぼす。依存対象を手放して生きる自立した生活へと向かうためには，心理療法的な関わりを基盤とし，「人」と「環境」の両面からアプローチすることが求められる。

回復の出発点として，支援者との信頼関係の構築が不可欠であることはすでに述べた通りであるが，それは回復の途中経過であることも忘れてはならない。最終的には，家族や地域社会とつながり，広い意味での「人や環境」に支えられるところまで支援するという視点の重要性を，最後にあらためて強調したい。

心理職の専門性を活かしながら柔軟に役割を広げ，アディクション問題で苦しむ人々への包括的支援に，より多くの心理職が貢献できることを心から願ってやまない。

● 文献

樋口進，斎藤利和，湯本洋介 編（2018）新アルコール・薬物使用障害の診断治療ガイドライン．新興医学出版社．

河西有奈（2020）心理職の心理検査における役割．In：日本精神神経学会 多職種協働委員会 編：多職種でひらく次世代のこころのケア．新興医学出版社，pp.53-59.

Khantzian EJ & Albanese MJ（2008）Understanding Addiction as Self-Medication : Finding Hope behind the Pain. Rowman & Littlefield Publishers.（松本俊彦 訳（2013）人はなぜ依存症になるのか—自己治療としてのアディクション．星和書店）

小林桜児（2019）物質関連障害および嗜癖性障害と小児期逆境体験．精神医学 61；1151-1157.

松本俊彦（2022）アルコール関連問題学会心理ワークショップ（仙台）.

Tatarsky A（2012）Harm Reduction Psychotherapy. Rowman & Littlefield Publishers.

吉村聡（2015）コミュニケーションとしての心理検査．こころの科学 184；33-36.

4 事例で読み解く地域精神保健福祉②──連携のコアプレイヤーたちの格闘

長期入院者の退院支援と地域生活定着支援
安心を共に創るチーム支援

下平美智代 Michiyo Shimodaira

社会福祉法人所沢しいのき会／一般社団法人 COMHCa

I　多職種チーム支援との出会い

2015年春，私は地域精神保健の実践に携わるようになった。きっかけはフィンランドのオープンダイアローグを知ったことだったが，日本にケロプダス病院のような病院はないと思い，千葉県市川市の ACT-J というチームに入職した。ACT（Assertive Community Treatment）は多職種チームが重い精神疾患をもつ人の地域生活を24時間体制で支援するプログラムである。チームのスタッフはその専門職種にかかわらず，ケースマネジメントを行いアウトリーチをすることで直接支援と支援コーディネートの両方を担う。

ACT チームは ITT（Individual Treatment Team）という，利用者個々の小さな担当チームを形成する（下平，2018）。ITT 内にはプライマリケースマネジャー（以下，プライマリ）がいるが，他の ITT メンバーも同様に利用者支援に責任をもつ。ITT の動きを内部に入って体験して，その柔軟性と機動力，チームスタッフの互いを補完し助け合う動きにとても感動したのを今でもよく覚えている。ACT ではチームリーダーが全てのスタッフの職種やスキルなどの特性に鑑みて利用者個々のプライマリを決定し，プライマリと相談しながら ITT メンバーを決める。大きなチームではチームリーダーが，ITT ではプライマリがチーム内外の"連携のコアプレイヤー"となっている。

私は，その後，所沢市アウトリーチ支援チームの立ち上げと運営に携わるという貴重な機会を得て，ますます ACT チームでの経験の意義を実感するようになった。と同時に，オープンダイアローグの研修で学んだことの意味もまた実感するようになった（下平，2022）。

II　ケースマネジメントのプロセスそのものが心理支援である

オープンダイアローグも ACT 同様に個別担当チームをつくって，チームが柔軟かつ機動力高く，患者のニーズに沿って必要なところに出向いて支援を行う（Seikkula & Olson, 2003）。視察研修のために6日間フィンランドのケロプダス病院に滞在したときに，ある心理士（児童思春期外来所属）の一日に，ジョブシャドウ的に密着して取材した。その心理士は，午前中は患者の家をチームで訪問してミーティングを行い，午後は児童相談所に赴き，ある親子の調査のための面接に同席した。彼女が行っていた支援は，自分が必要とされる場所に出向き，患者やその家族と会い，話を聴き，「心理療法的な対話」（Seikkula & Arnkil, 2014, p.59）のなかで浮かび上がるニーズをとらえると，それに沿った提案をして，合意内容が実行されるように調整をすることであった。「心理療法的な対話」

をベースとしたケースマネジメント，あるいはケースマネジメントのプロセスそのものが心理支援といえるようなあり方だった。

III　福祉の現場で

ケロプダス病院の視察を経て，現在，私は所沢市にある社会福祉法人の運営する相談支援センターと同じ建物内に併設されている地域活動支援センター（以下，地活）で，相談員兼管理者として勤務している。私の臨床実践の拠り所は，前述のようにACTとオープンダイアローグから学んだことである。

相談支援センターは所沢市の委託相談支援事業と埼玉県の地域移行・地域定着ピアサポート活動促進事業を受託している。従事しているスタッフのほとんどは，相談支援と地活双方を兼任している。地活には居場所の機能もあるが，利用者のうち個別支援の必要な方の直接支援（個別に話を聴くこと，受診同行や家の片づけの手伝い，手続きの同行など）も行っている。相談支援のほうでは，福祉サービスに繋がっていない方，あるいはその家族の相談を受け，直接支援を提供しつつ必要なサービスにつないでいる。そのほか，医療や福祉サービスを中断した人の支援や長期入院者の退院支援も行っている。スタッフは非常勤職員を入れて5名で，精神保健福祉士，社会福祉士，看護師，公認心理師など専門資格をもつ相談員とピアサポートスタッフ（以下，ピアスタッフ）による「多職種」構成である。ピアスタッフ2名が長く地活の利用者の支援に入っていることがこのチームの強みであると考えている。

私は看護師と公認心理師の資格をもっているが，今の職場にお声がけいただいたのは，私にトラウマケアも含む心理療法の経験とACTチームでの経験があったからである。精神障害者家族会をルーツにもつ当法人の理事長は，利用者の多くがなんらかの傷つき体験をもつこと，その家族も同様に傷ついてきたことに言及し，心理支援が必要とされていると語った。私が行っているのは基本的に

ケースマネジメントであるが，ケースマネジメントのプロセスそのものが心理支援となるように取り組んでいる。

IV　職務上のバリア

現在のチームは非常勤スタッフを含めて5名と規模が小さく，受けている相談件数に比してマンパワーが慢性的に不足している。これが日本の福祉の現状であることをひしひしと感じている。ACTやアウトリーチ支援チームにいた頃と，私自身の動きはあまり変わらない。大きく違うのは，一人で担わなければならない業務量が多く，一人の利用者に対して迅速かつ集中的に動く必要があるときに，他の支援や業務との関係でうまく動けず歯がゆい思いをすることだろう。例えば，緊急で受診が必要になった人がいて，うまく主治医に話ができないから同席してほしいと言われたとする。しかし，その日は他の人の受診同席がすでに入っており，どちらかを選ばなければならない。他のスタッフが同行できる利用者の場合はよいが，一人で担当しているケースもある。もう一人相談員がいるといいと考えているが，「予算」の関係で実現していない。このように，マンパワーの不足が職務上のバリアとなっていると日々感じている。

V　長期入院者の退院支援

ここからは，支援の実際について事例を通して紹介する。チームの動きは私の実際の支援経験に基づくが，事例に登場する人物の属性，名称，生活歴などは架空の設定であることをお断りしておく。

1　導入

ある日，保健センターの野村さんから，伊藤優香さん（42歳・女性・統合失調症）の支援依頼の連絡が来た。伊藤さんは精神科病院に入院中で，入院前は地活に通所していたという。伊藤さんには帰る家がなく，住居を見つけることを含めた退院支援が必要だった。当法人では，地活が相談支

援センターと同じ建物にあり，ピアスタッフも伊藤さんをよく知っていたが，私は入職してまだ半年ほどで，伊藤さんを知らなかった。私はピアスタッフと共に，伊藤さんに会いに病院に行くことにした。

2　長期入院の背景

伊藤さんは3年前に任意入院し，間もなく医療保護入院に切り替わり，そのまま長期入院となっていた。入院時，伊藤さんは39歳で，今は42歳。なぜ長期入院になっているのだろうと不思議に思い，保健センターの野村さんに訊ねたところ，「病院の以前の相談員が退院支援をしようとしたけれど，ちょうどコロナ禍でうまくいかなかったと聞きました。タイミングを逃してしまったのではないでしょうか」という。現任の病院相談員の鈴木さんにも電話で話をしたときに訊ねると，「もう2年近く前のようですが，私の前任者がグループホームを紹介して退院を促そうとしたものの，途中で伊藤さんが不穏になり頓挫したと聞いています」とのことだった。この半年で病院の体制が変わり，伊藤さんの主治医と相談員が変わったが，伊藤さんと現医療チームとの関係は良好に見えた。

伊藤さんを知るピアスタッフに，野村さんと鈴木さんから聞いたことを共有すると，彼はしばらく考え込むように黙った後，「入院前は幻聴がひどくて，すごく怖がっていました。アパートに一人でいられないって。でも地活に来ても安心はできないようでした。入院後半年くらいはときどき電話がありました。あのアパートに戻るのは危険だと言っていました」と言った。伊藤さんはまじめな人柄で内服は処方通りしていたが，幻聴とそれに関連した妄想的思考は持続していた。

伊藤さんは生活保護を受けているため，入院後半年以上が経った時点で住んでいたアパートは引き払われて，住居を失った。アパートを引き払う際に同席した野村さんによると，伊藤さんの持ち物は非常に少なく，室内はきれいに整えられていた。伊藤さんは他県の出身で，内縁の夫のDVか

ら逃れて保護され，5年前に全く所縁のない当市に移り住むことになった。頼れる身内はいなかった。

3　初回面談

保健センターの野村さんの依頼からちょうど1週間後，ピアスタッフと共に伊藤さんに会うために病院を訪問した。病院相談員の鈴木さんが，小さな面談室に我々を案内してくれた。やがて，看護師に伴われて相談室に現れた伊藤さんは，ピアスタッフを見てうれしそうに笑顔で挨拶され，ピアスタッフも笑顔で挨拶を返した。そして，伊藤さんが私のほうを見たので挨拶をすると，伊藤さんも挨拶を返してくれた。以下は四者間の会話の内容である。

下平：今日は初めてお会いするので，まずは伊藤さんとお知り合いになること，伊藤さんのご希望をお聞きしたいと思って来ました。退院についてどう思っていらっしゃいますか？

伊藤：ありがとうございます。退院は，しなくちゃという感じです。仲の良かった人が退院していきました。それで私もそろそろ退院しないといけないと。

下平：そうなんですね。そろそろ退院しなくてはと……

伊藤：そうですね。ただアパートももうないですし，住むところをどうしようかと……

下平：以前のアパートは生活しやすいところでしたか？

伊藤：場所は便利なところでした。最初はよかったんですけれど，ある日あいつらに見つかってしまったんです。それからはいろいろないやがらせが始まりました。それがどんどんエスカレートして，恐怖を感じるようになりました。それで病院に避難させてもらったんです。

ピアスタッフ：病院では怖い思いはしなかった？

伊藤：最初は病院にも来るんじゃないかと怖かったけれど，強力なセキュリティシステムがあるのであきらめたみたい。ここに来てからゆっくり眠れるようになったの。

ピアスタッフ：そうか，よかった。退院に不安はない？

伊藤：少し不安。以前住んでいたところと地域を変えたほうがいいのかなって。

下平：少し不安があるのですね。以前の相談員さんがグループホームをお勧めしたことがあったそうですね。それはあまりいいところではなかったですか？

伊藤：ああ，あれですね。コロナ禍だったから，見学を1回だけして入居するように言われて怖くなったんです。グループホームって何か強制労働みたいなことさせられるんですか？

下平：え？　強制労働？　そんなことないですよ。住居ですから。どこからそんな話を？

伊藤：以前に入院されていた方から聞いたんです。

鈴木：それ誤解ですよ。そうか，グループホームがどんなところかわからないまま入居を勧められたんですね。それでそんな話を聞いたら怖いですよね。

伊藤：そうなんです。強制労働っていうのが怖くて。私，まだとても若い頃にそんな感じで働かされていたことがあったんです。

ピアスタッフ：グループホームに入っている人を知っているけれど，その人が住んでいるのはふつうの一軒家です。そこにただ住んでいるだけで，作業所に通っていたと思う。

伊藤：ふつうの一軒家？　グループホームは住むだけの場所なんですか？

下平：住む場所です。グループホームにはいろいろなタイプがあるんですよ。一軒家タイプは，お部屋はそれぞれ個室だけれど，お風呂とかトイレとか食事をする部屋が共用になっています。市内にあるグループホームはこのタイプが多いです。他にアパートタイプとか施設のような建物のところもあります。

伊藤：そうなんですね。一軒家タイプのグループホームってどんな感じか見てみたい。私，アパートでしか暮らしたことがないんです。戸建ての家って憧れでした。

4　アセスメントのポイント

次に，私がチームのピアスタッフや病院スタッフから聞いた話と，伊藤さん本人との会話のなかで理解したことをアセスメントのポイントとして記述したものを紹介する。これは初回面接直後のアセスメントであり，今後，伊藤さんと行動を共にし，会話を重ねるなかで更新していくことになる「仮説」であることに留意されたい。

①伊藤さんの望み：そろそろ退院しなくてはいけないと思っている／戸建ての家に憧れがある／一軒家タイプのグループホームを見学してみたい。

②長期入院の理由・背景：伊藤さんは向精神薬を服用していても持続的な幻聴とそれに関連する妄想的思考があり，それは何らかの実体験に基づく不安や恐れと関連しているかもしれない（DV被害で他県より避難のため移住してきたことに加え，若い頃に「強制労働」のような体験があり，搾取など被害体験があったかもしれない）。入院して安全を得たが，アパートには怖くて帰れなかった。また，コロナ禍でグループホーム見学や体験がスムーズに行えなかった。当時の病院相談員の説明不足だったのか，伊藤さんが不穏になり，退院支援が進まなかった。

③現在の病状：安定している。現在，幻聴はないか影響はほとんどない。

④支援関係：現医療チームとの関係は良好。入院前の地活でもピアスタッフに悩みを打ち明け，相談していた。また病院にも自ら受診し助けを求めて任意入院していることから，援助希求は自ら行える人。話し合いができ，意思表明ができる。

⑤人間関係：病棟で仲良くなった患者友達がいたことから，他者との交流を求めている人だと思われる。地活でも病院でも人間関係のトラブルはない。

⑥生活能力：生活保護を受給している。2年間アパート独居をしていた経験から，それなりに生活技能はあると思われるが，被害経験を呼び起こすような状況をきっかけに，不安や恐怖心から病状悪化し生活に支障を来たす可能性がある。

⑦退院後の生活について：伊藤さん自身の希望する生活を言語化するのを援助していく必要がある。現状の見立てとしては，安心して地域で生活していくためには，信頼できる他者の見守りや援助が近くにあるとよいかもしれない。

VI 地域生活定着支援

　私は病院相談員の鈴木さんと協力し合って，伊藤さんの希望に合うグループホームを見つけ，見学や体験のための援助を実行した。やがて退院した伊藤さんは，病院へのアクセスのよいエリアにある一軒家タイプのグループホームに入居した。退院後は，週に2回，病院のデイケアに通い，それ以外は自由な時間に地活に通所している。地活では，ピアスタッフにしばしば面談を申し込み，話をしている。ケースマネジメントの担当者は私ではあるが，私よりピアスタッフの方が，支援頻度が高いかもしれない。伊藤さんにとって今の住居は，病院にすぐに行ける環境にあること，地活にも通所しやすいことが日常生活を送る上での安心材料になっているようだ。

VII 対等な関係性のなかでのマネジャーの役割

　保健福祉の現場に入って思うのは，私が以前にいた医療現場にはヒエラルキーがあって，その医療職者間の関係性が医療職者と患者の間にも持ち込まれ，対等な関係を築けなかったということである。もちろん，福祉関係者にもいろいろな考えの人がいるとは思うが，少なくとも今のチームスタッフたちは，支援者ではあっても一人の生活者としての目線で，困りごとを抱えている利用者の立場に立って，その人の話を聴いている。地活の利用者はそれぞれ自分が話しやすい相手（スタッ

フ）を選んで相談しており，ここでは対等な関係が生まれやすいと感じている。それは，スタッフ同士が互いの違いを尊重しているという関係性が，スタッフと利用者との間，あるいは利用者同士の関係性にも反映されているからであるように思われる。この作為のない民主的な在り様は，私には新鮮に感じられる。

　利用者のクライシスのときには，ふだん話を聴いているスタッフがすぐに気づき，チームで状況を共有し，対応策を検討して動く。マネジャーの役割としては，スタッフが一人で抱えこまないように配慮し，共に考えを出し合うことのできる状況を創り出すことである。役割分担をしつつ，利用者の利益のために共に同じ方向を見て動き，必要に合わせて，外部支援の応援も頼みながら動けるように調整するのも役割だと考えている。

●文献

Seikkula J & Arnkil TE (2014) Open Dialogues and Anticipations : Respecting Otherness in the Present Moment. Tampere : National Institute for Health and Welfare.

Seikkula J & Olson M (2003) The open dialogue approach to acute psychosis : Its poetics and micropolitics. Family Process 42-3 ; 403-418.

下平美智代 (2018) 初心者がアウトリーチをどう始めるか. 精神科臨床サービス 18 ; 386-390.

下平美智代 (2022) オープンダイアローグに学ぶ―地域精神保健における対話的でコラボレイティブな支援のあり方. 精神療法 48-2 ; 201-203.

臨床心理学

Vol.25 No.2（通巻146号）［特集］ **性暴力**——「起きた後／起きる前」に支援者は何ができるか？

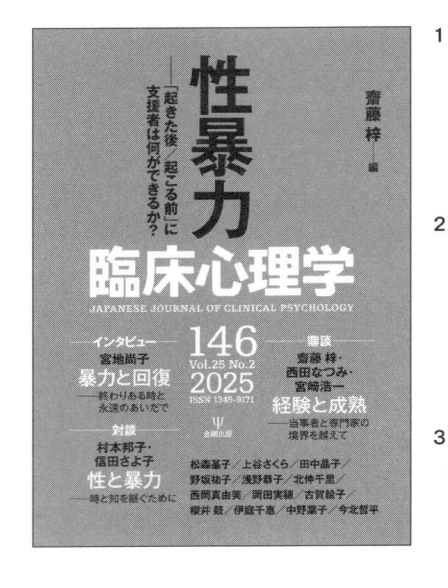

齋藤 梓 編

★ 好評発売中 ★

• 欠号および各号の内容につきましては，弊社のホームページ（https://www.kongoshuppan.co.jp/）に詳細が載っております。ぜひご覧ください。

• B5判・平均150頁　• 隔月刊（奇数月10日発売）　• 本誌1,980円・増刊2,860円／年間定期購読料14,740円（10%税込）※年間定期購読のお申し込みに限り送料弊社負担

• お申し込み方法　書店注文カウンターにてお申し込みください。ご注文の際には係員に「2001年創刊」と「書籍扱い」である旨，お申し伝えください。直送をご希望の方は，弊社営業部までご連絡ください。

• 「富士山マガジンサービス」（雑誌のオンライン書店）にて新たに雑誌の月額払いサービスを開始いたしました。月額払いサービスは，雑誌を定期的にお届けし，配送した冊数分をその月ごとに請求するサービスです。月々のご精算のため支払負担が軽く，いつでも解約可能です。

 **金剛出版**　　〒112-0005　東京都文京区水道1-5-16　URL https://www.kongoshuppan.co.jp/
Tel. 03-3815-6661　Fax. 03-3818-6848　e-mail　eigyo@kongoshuppan.co.jp

原著論文

障害者への潜在的態度を変容させる映画鑑賞の可能性

高橋茉子[1]・廣澤愛子[2]・藤岡 徹[2]・大西将史[2]

1) 福井大学教育学部[注1]
2) 福井大学学術研究院教育・人文社会系部門

　障害者への差別や偏見の背景には，障害者に対するネガティブな潜在的態度があると考えられる。障害者と直接関わることでそれらの偏見を解消しようとする試みは，顕在的態度の変容には効果があるものの，潜在的態度の変容には効果がない可能性が示唆されている。一方，近年関心が高まりつつあるのが，障害者を描いた物語や映像の視聴，交流場面の想像といった間接接触である。間接接触が障害者への潜在的態度の変容に効果があるのかについては，明確にされていない。そこで本研究では間接接触に焦点を当て，障害者を描いた映画の鑑賞に，障害者への潜在的態度に影響を与える効果があるかについて，映画鑑賞前後に紙筆版潜在連合テスト（IAT）を行うことで検証した。その結果，映画鑑賞には障害者への潜在的態度を変容させる可能性があることが示された。映画鑑賞が間接接触の作用を及ぼし，障害者への潜在的態度に影響を与えたことが推測される。

キーワード：障害者，顕在的態度，潜在的態度，間接接触，紙筆版IAT

● 臨床へのポイント

○ 障害者を描いた映画の鑑賞には，障害者への潜在的態度を変容させる効果があり，少なくとも，障害者への偏見の緩和に向けた第一段階の取り組みとして，有効性が確認された。

○ 映画鑑賞による障害者への潜在的態度の変容に，鑑賞者の障害者と関わる経験や見かける機会の有無，障害のある友人や家族の有無は影響しておらず，誰もが障害者への潜在的態度を変容させる可能性がある。

○ 健常者と障害者への潜在的態度は，映画鑑賞によって完全にニュートラルになることはなかった。障害者に対してネガティブ，健常者に対してポジティブというステレオタイプの根強さが示唆された。

Japanese Journal of Clinical Psychology, 2025, Vol.25 No.3 ; 369-379
受理日——2025 年 1 月 24 日

I　問題と目的

　近年，"Black Lives Matter"に代表されるように，人種差別への関心が世界的に高まっている。日本においても，女性やLGBTQ当事者への差別問題が度々議論され，差別是正に関する措置が取られている。障害者についても，特殊教育から特別支援教育への移行や法定雇用率の上昇など，就学，就労制度の改善が進められているほか，東京パラリンピックの開催に伴い，障害者スポーツやパラアスリートが注目を浴びるなど，「全ての国民が障害の有無によって分け隔てられることなく，相互に人格と個性を尊重し合いながら共生する社会（共生社会）」（内閣府，2022）に向け，さまざまな取り組みがなされている。しかし，現代の日本において，障害者差別や偏見が「あると思う」または「あ

注 1) 現在は一般企業に勤務（研究に関する問い合わせ：tmmove617@gmail.com）。

る程度はあると思う」と答えた人は，8割（内閣府，2017）となっているほか，実際に多くの当事者が，差別や人権侵害を受けていると感じており（東京都練馬区，2020），障害者への差別や偏見は，依然として大きな問題であると言える。

1 障害者に対する態度研究

差別や偏見の問題が議論される中，その背景となる態度について研究が行われてきた。従来主流とされていた質問紙による回答は，社会的望ましさに影響されやすいことが指摘されている。例えば，Heinemann, Pellander, Vogelbusch, & Wojtek（1981）の研究では，健常者は障害者に対して，質問紙ではポジティブな感情を表明しており，ネガティブな態度は検出されなかったものの，着席距離などの行動は回避的でネガティブであった。

また，差別について，「無意識」または「どちらかというと無意識」に行われていると思う人の割合は，男女および各世代を通じてほぼ6割であり（内閣府，2009），自覚がないままに，無意識的に差別・偏見を有する可能性が示唆される。近年，このような障害者への潜在的態度を明らかにする研究が増えつつあり，例えば，NPO法人日本ブラインドサッカー協会（2020）は，障害者に対して無意識に持つ偏見を，反応時間指標を用いて数値化・可視化できるプログラムを開発し，2000人を対象に調査を実施した。これによると，質問紙への回答による顕在的態度において，障害者にも健常者にもニュートラルである人は58%であった。しかし，素早く正確にカテゴリ分類を行う潜在連合テスト（IAT）で測定される潜在的態度においてはわずか15%であり，顕在的態度と潜在的態度には大きな違いがあることが示された。また，この調査では，どのような顕在的態度を有していても，そのことは潜在的態度に影響しないことも明らかにされている。他にも，Adler & Wahl（1998）は，絵や文章などの曖昧な刺激に対して，ストーリーの作成や印象の記述を行う投影法を用いて研究を行っている。この研究では，被験者は精神障害者，身体障害者，またはラベル付けされていない人の写真に応じて物語を作り，これらの人に期待される行動に関する質問に答えた。結果は，精神病の人に対してよりネガティブなストーリーを作るなど，否定的な態度をとることが示された。さらに，皮膚電位や心拍といった生理学的指標を用いた研究として，Vander

Kolk（1976）は，音声による心理的ストレス評価を用いて，障害者や黒人といったマイノリティグループを読み上げた時の音声を，デモグラフィックな質問に対する回答の音声と比較した。結果は，デモグラフィックな質問に対する回答の音声に比べ，マイノリティグループを読み上げる時の音声にストレス反応が確認された。

これらの研究からは，障害者に対するネガティブな態度が明らかとなっており，顕在的意識がどうであれ，潜在的にネガティブなバイアスがあり，それが障害者に対する行動に影響していると推測される。

なお，先行研究では，意識・無意識もしくは顕在的態度・潜在的態度といった用語が文脈に応じて用いられている。基本的に，「意識」は「顕在的態度」と，「無意識」は「潜在的態度」とほぼ同義で用いられているため，本研究でも同様の理解の下，文脈に応じて両者を使い分けることとする。

2 接触理論

これまで，差別や偏見を解消するため，主に接触理論に基づく取り組みが行われてきた。これは，偏見は相手に対する知識の欠如が原因と考えられることから，相手と接触する機会を増やし，真の情報に触れれば，偏見はおのずと解消するという考え（Allport, 1954）に基づいている。

接触理論は，膨大な実証研究を生み出しており，一定の条件の下での効果や頑健性が実証されている（池上，2014）。例えば，西岡（2022）は，留学生と日本人学生の異文化間協働学習による異文化の相手に対する偏見として，「不安」「不確実性」「接近回避」「自民族中心主義」の変容を調査した。その結果，留学生はすべての概念，日本人学生は「自民族中心主義」を除く3つの概念が低下し，接触理論の効果が示唆された。

一方で，接触理論が効果をもたらすには必要な条件があり，それらは，1）制度的是認（権威ある者が，接触を肯定的なものであると認めていること），2）対等な地位関係（接触する者同士が対等な関係であること），3）共通目標による協同（共通の目標を追求する協力関係にあること），4）人間性への認識（互いの人間性の認識を促す接触であること）だとされている（Allport, 1954）。そのため，共通目標の追求に失敗したときなど，効果が低減するケースもあるという（Worchel, Andreoli, & Folger, 1977）。加えて，直接接触には不安

や緊張が伴い，特に，強い偏見を抱いている者にとって，直接接触の場に置かれることは，自分の偏見が露見するのではないかという恐れから，かえって否定的に反応することがあるという（Plant & Devine, 2003）。さらに，先にも記したNPO法人日本ブラインドサッカー協会（2020）が行った調査によると，障害のある友人や知人がいても，定期的に障害者と接しても，無意識バイアスに違いはなかったという結果が得られている。また，障害のある家族がいても，無意識バイアスに与える影響はない，あるいは弱いと報告されている（岡田，2023; Rojahn, Komelasky, & Man, 2008; VanPuymbrouck, Friedman, & Feldner, 2020）。したがって，障害のある家族の有無や，障害者を見かける機会の有無など，日常生活における接触の程度に差が生じる要因は，無意識バイアスに影響を与えないことが推測される。つまり，接触することによって効果が確認されているのは，顕在的態度の変容であり，潜在的態度の変容には効果がない可能性が示唆される。

3　間接接触

　直接接触の抱える課題に鑑み，関心が高まっているのが間接接触であり，拡張接触（Wright, Aron, McLaghlin-Volpe, & Ropp, 1997）はその一つである。これは，「自分の所属集団のメンバーによる相手集団との代理接触を通して自分が相手集団に接触したような感覚を得ている」（池上，2014）と考えられており，相手集団が自己概念に包含されることで相手集団に好意的態度を示すようになる（Turner, Hewstone, Voci, & Vonofa-kou, 2008）とされている。例えば，自分の所属集団のメンバーと相手集団のメンバーとの集団間友情を描いたテレビ番組や物語によって，相手集団への態度が好意的になることが確認されている（Schiappa, Gregg, & Hewes, 2005, Cameron & Rutland, 2006）。

　仮想接触（Crisp & Turner, 2012）も，自分が相手集団のメンバーと上手く相互作用している場面を想像することで，相手集団への態度が好転するという間接接触の一つである。Shamloo, Carnaghi, Piccoli, Grassi, & Bianchi（2018）は，写真を用いて仮想接触を実施した。被験者は，白い手が黒い手に触れている写真（集団外物理的接触状態）と屋外シーンの写真のうち，どちらかを想像することを求められた。結果，物理的接触状態を想像した被験者は集団間の偏見を低減させた。さらにその後，被験者は白い手が別の白い手に触れて

いる写真（集団内物理的接触状態）を見て想像を求められた。その結果，集団外物理的接触は集団内物理的接触よりも集団間の偏見を低減させることが明らかになった。

　このように，集団間関係の改善には間接接触の効果が確認されており，「想像力という人間に固有の精神機能を生かすという方向性」（池上，2014）が，功を奏すと言える。ただし，上記の事例はいずれも，質問紙調査などによって明らかとなった顕在的態度の変容であり，直接接触と同様，潜在的態度の変容を示すものではない。

4　映画鑑賞の効果

　映画鑑賞は間接接触の一つである。坂本・前澤・久保木・前澤（2018）は，映画館での映画鑑賞による高齢者心理および自律神経活動への影響について，映画鑑賞前後に心理検査および聞き取り調査，自律神経活動指標（唾液クロモグラニンA・唾液アミラーゼ）の測定を行った。その結果，心理検査では状態不安得点が実験後に有意に低下し，自律神経系活動では一部の被験者で，映画実験中の交感神経系の活発化・実験後の沈静化が見られ，自律神経系の柔軟な反応があった可能性を推察している。

　また，好井（2005）は，映画が持つ"啓発する力"を調べるために，映画『フリークス』を読む試みを行っている。その中で，同映画が与える障害者カテゴリを変動させる力，差別する様相や形相を端的に率直に見せる力など，映画の持つ社会性を読み解き，「映画は，フィクションであることをわからせながらも，ひと，できごと，問題などをめぐる私たちの実践知に大きな影響を与える」としている。

　このように，映画鑑賞は，心理的・社会的な影響を与えることが明らかにされており，およそ2時間という長時間に及ぶストーリーに集中することが，登場人物や出来事への感情移入を伴い，間接接触の方法として，大きな効果が得られると考えられる。

　もちろん，障害者を描いた作品は，差別問題の解消や啓発を目的に制作されたとは限らない。しかし，楽しみを求めて行う映画鑑賞に障害者へのネガティブな潜在的態度を変容させる効果を見出すことができれば，障害者差別の緩和に向けた試みを一歩前進させることにつながる。特に，映画鑑賞は直接接触において課題となる実際に障害者と関わる際の過度な気遣いや不安

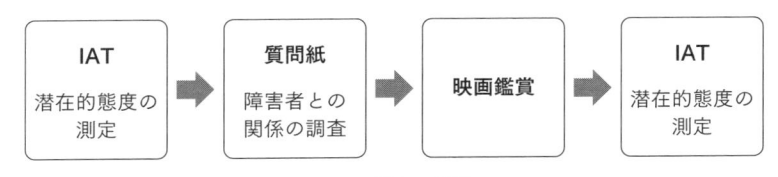

図1 調査の手順

を伴わないという点が優れており，その有効性を確認することは極めて重要である。加えて，映画鑑賞による間接接触が障害者への潜在的態度を変容させる効果があることを確認できれば，上記の試みがより一層進めやすくなると考えられる。しかし，従来の研究では障害者への潜在的態度の変容に対する映画鑑賞の効果は検討されていない。

5 本研究の目的と仮説

そこで本研究では，差別や偏見の認知基盤を成す潜在的態度に着目し，障害者を描いた映画を鑑賞することに，障害者への潜在的態度を変化させる効果があるかどうかを明らかにすることを目的とする。また，その効果は，障害者と関わる経験や見かける機会の有無，障害のある友人や家族の有無によって，違いがないかも検討する。

本研究における仮説は以下の3点である。

- 仮説1：障害者との関係の違いによる，潜在的態度の違いはない。
- 仮説2：映画鑑賞前より鑑賞後の方が，健常者と障害者それぞれに対する潜在的態度の差が小さくなる。
- 仮説3：障害者との関係の違いは，映画鑑賞の与える効果に影響しない。

これらの仮説の検証に加えて，映画鑑賞前後における障害者との関係ごとの潜在的態度を調べることで，映画鑑賞によって障害者に対する潜在的態度がどの程度緩和されるのかを，潜在的態度の水準という観点から予備的に検討した。

II 方法

1 調査協力者

A大学の学生32名（女性26名，男性6名，平均年齢21.5歳）を対象に行った。そのうち，教育学部の学生

が26名（女性23名，男性3名），工学部の学生が6名（女性3名，男性3名）であった。

2 調査時期

2022年10月上旬から12月下旬に実施した。

3 手続き

障害者への潜在的態度を測定するため，まず，潜在連合テスト（Implicit Association Test，以下IAT）を実施した。次に，質問紙にて，調査協力者の障害者との関係（障害者を見かける，障害者と関わる，障害のある友人がいる，障害のある家族がいる）を調査した。その後，映画鑑賞を行い，1週間以内にもう一度同じIAT課題を実施した（図1）。具体的には，5，6人ずつ，1つの居室でDVDの鑑賞を行った。1週間以内のIATも，映画を鑑賞した同じ居室で行った。映画鑑賞後のIATの測定に，1週間の幅を持たせているのは，間接接触の効果が1週間後にも持続しているというVezzali, Capozza, Giovannimi, & Stathi（2012）の研究結果をふまえた上で，調査協力者の予定を考慮したためである。

なお，IATは，複数回実施することによる影響が小さいことが，初期段階の研究から報告されている（潮村，2015）ことから，「課題慣れ」の影響は考えずに進めることとした。

1．Implicit Association Test（IAT）

IATはGreenwald, McGhee, & Schwartz（1998）が開発した手法であり，さまざまな社会的対象に対し，概念間の潜在的な連合を測定することで，人々が意識できないものの有している潜在的態度を測定することができる。また，評価的プライミング，Go/No-go Association Task，Extrinsic Affective Simon Taskなどの潜在的態度の測定方法と比べ，信頼性や妥当性などの心理統計的性質が優れている（森尾，2007）。なお，本研究では，「コンピュータ・ソフトウェアを必要とせ

表 1　IAT のカテゴリと刺激後

カテゴリ	刺激語
健常者	健康，活発，丈夫，自力
障害者	車椅子，盲導犬，点字，手話
ポジティブ	純粋，明るい，幸せな，優秀な
ネガティブ	ずるい，暗い，哀れな，劣等な

表 2　紙筆版 IAT の紙面（一例）

健常者 ネガティブ		障害者 ポジティブ
	健康	
	車椅子	
	ずるい	
	劣等な	
	盲導犬	
	幸せな	
	純粋	
	活発	
	点字	
	丈夫	
	優秀な	
	暗い	
	劣等な	
	健康	
	明るい	
	自力	
	純粋	
	盲導犬	
	活発	
	優秀な	
	手話	
	純粋	
	ずるい	
	車椅子	
	幸せな	
	哀れな	
	暗い	
	点字	
	丈夫	
	手話	
	自力	
	明るい	

ず，関心を抱いた誰しもが特殊な技量がなくとも実施できる」（潮村，2015）紙筆版のIATを実施した。

2．紙筆版IAT

　今回の実験では，潮村（2015）のマニュアルに沿って，臨床心理学，発達心理学，特別支援教育に関わる専門家らと協議し，以下の手順で紙筆版IATを作成した。

　まず，対象概念として「健常者」「障害者」「ポジティブ」「ネガティブ」のカテゴリを設定し，各カテゴリ4つずつの合計16語の刺激語を設定した（表1）。「健常者」「障害者」の刺激語は，NPO法人日本ブラインドサッカー協会（2020）が行った調査で用いられたIATから選定した。また，「健常者は障害者に対して過度な能力の低さや温かい人柄を有するというステレオタイプを持ちやすい」（栗田・楠見，2012）ことから，「ポジティブ」「ネガティブ」に当たる刺激語を，能力や人柄を想起させる語とした。

　次に，「健常者－ポジティブ」と「障害者－ネガティブ」，「健常者－ネガティブ」と「障害者－ポジティブ」という語の組み合わせ（以下，ブロックとする）を作成し，調査用紙に刺激語とブロックを配置した。刺激語は各調査用紙32項目とし，中央にランダムに配置した。最後に，ブロックの組み合わせを，刺激語の左右に配置し，左右の選好を考慮した計4セットの調査用紙を作成した（表2）。

　調査協力者には，紙面中央の刺激語が調査用紙左右に配置された各ブロックのどちらに該当するか，20秒間で刺激語を振り分ける作業を行ってもらった。

3．質問紙調査

　障害者への潜在的態度の測定に加え，調査協力者の障害者との関係について，質問紙にて調査を行った。項目としては，障害者と関わる経験の有無，障害者を見かける機会の有無，障害のある友人の有無，障害の

ある家族の有無を問うものである。回答はいずれも無記名で行われた。

4．対象映画

　障害に関わるいくつかの映画を視聴した上で，臨床心理学，発達心理学，特別支援教育に関わる専門家ら

と協議し，障害者への潜在的態度の変容に影響を与える映画として，Stephen Chbosky監督の映画『ワンダー　君は太陽』（2017年，字幕版，1時間53分）を鑑賞することとした。本作品は，トリーチャー・コリンズ症候群という遺伝子疾患を抱える少年オギーが，学校に初めて通学することで本人や周囲に起こる出来事を描いた作品である。

　人と違う特徴があるだけで差別や偏見の対象となってしまったオギーと周囲の人が関わっていくストーリーは，先に述べた「自分の所属集団のメンバーによる相手集団との代理接触を通して自分が相手集団に接触したような感覚」（池上，2014）を，観る人に与えることができると考えられる。また，本作品の語り手は特定の人物ではなく，主人公の姉や友人などに移り変わりながら，障害当事者を取り巻く様子が，それぞれ違った視点で描かれている。障害者への見方や考え方を，より幅広い視点から考えられる構成となっていることから，本作品を本研究の対象映画とした。

4　分析方法

1．スコアリング

　障害者への潜在的態度は，算出された点数によって把握される。点数計算では，まず刺激語を左右に正しくチェックできていた数（正答数）をカウントする。次に，「健常者－ポジティブ」と「障害者－ネガティブ」のブロックの正答数から，「健常者－ネガティブ」と「障害者－ポジティブ」のブロックの正答数を引き，その差を本研究における「潜在連合スコア」とする。

　このスコアは理論上，最大32点，最小－32点をとり，「健常者」と「ポジティブ」属性との連合が強いほど，値が大きくなる。逆に，「障害者」と「ポジティブ」属性の連合が強い場合には負の値をとり，この連合の程度が大きいほど，その絶対値は大きくなる。つまり，この値が正に傾くほど，障害者に対してネガティブ，負に傾くほど，障害者に対してポジティブな潜在的態度を有すること，その絶対値が小さいほど，健常者にも障害者にも同程度の潜在的態度を有することを意味する。

2．統計解析

　障害者への潜在的態度に対する障害者との関係および映画鑑賞の効果を検討するため，映画鑑賞前後で算出された各潜在連合スコアを従属変数とし，映画鑑賞（対応あり：前・後）×障害者と関わる経験（対応な

し：有り・無し），映画鑑賞（対応あり：前・後）×障害者を見かける機会（対応なし：有り・無し），映画鑑賞（対応あり：前・後）×障害のある友人（対応なし：いる・いない），映画鑑賞（対応あり：前・後）×障害のある家族（対応なし：いる・いない）の2要因混合計画の分散分析を行った。仮説1を検証するために障害者との関係の主効果を，仮説2を検証するために映画鑑賞の主効果を，仮説3を検証するために映画鑑賞と障害者との関係の交互作用がなく映画鑑賞の主効果のみがあることを確認した。

　次に，映画鑑賞前後における障害者との関係ごとの潜在的態度を検討するため，映画鑑賞前後ごと，障害者との関係ごとの潜在連合スコアの平均値について，映画鑑賞前と鑑賞後で，基準値を0とする1サンプルのt検定を行った。これにより，映画鑑賞前後および障害者との関係ごとで障害者に対する潜在的態度がポジティブ－ニュートラル－ネガティブのどの水準にあるのかを明確にするとともに，映画鑑賞の効果についてもこの観点から明確にすることができる。

5　倫理的配慮

　調査協力者については，調査協力者を募る文面をGoogleフォームで作成し，調査の概略と，回答が研究以外で用いられることはないこと，個別の回答を取り上げるのではなく集団の結果として分析・公開するため個人が特定されることはないこと，調査への協力は任意であることを明記した。さらに調査実施前に，再度口頭でも同様の説明を行い，調査協力への意思を確認した上で，了解が得られた者に調査を行った。

III　結果

1　映画鑑賞と障害者との関係が障害者への潜在的態度に及ぼす影響

　潜在連合スコアの平均値を従属変数とし，映画鑑賞（前・後の対応あり）および障害者との関係（関わる，見かける，友人，家族，対応なし）を独立変数とする2要因分散分析（混合計画）の結果を表3に示した。

　まず，障害者と関わる経験の有無においては，映画鑑賞の主効果は有意であり（$F(1, 30) = 7.808$，$\eta_p^2 = 0.207$），映画鑑賞前よりも鑑賞後の方が潜在連合スコアは有意に低下していた。障害者と関わる経験の有無の主効果は有意でなかった（$F(1, 30) = 2.787$，$\eta_p^2 = 0.085$）。映画鑑賞と障害者との関わりの交互作用は有

表3　映画鑑賞×障害者との関係の分散分析の結果

障害者との関係	N	鑑賞前		鑑賞後		映画鑑賞		関係		映画鑑賞×関係	
		M	SD	M	SD	$F(1, 30)$	η_p^2	$F(1, 30)$	η_p^2	$F(1, 30)$	η_p^2
障害者と関わる経験											
有り	26	15.88	10.03	9.00	9.44	7.808 **	0.21	2.79	0.09	0.47	0.02
無し	6	20.67	4.41	16.50	7.20	前>後					
障害者を見かける機会											
有り	22	14.59	9.21	7.77	8.61	13.331 **	0.31	7.01	0.19	0.18	0.01
無し	10	21.60	8.21	16.20	8.92	前>後		無し>有り			
障害のある友人											
いる	9	18.56	10.82	9.33	10.06	18.320 ***	0.38	0.02	0	1.37	0.04
いない	23	16.09	8.92	10.83	9.38	前>後					
障害のある家族											
いる	7	10.71	8.75	7.43	7.04	8.122 **	0.213	2.78	0.09	1.15	0.04
いない	25	18.48	8.98	11.24	9.97	前>後					

* $p<.05,$ ** $p<.01,$ *** $p<.001$

意でなかった（$F(2, 116)=0.472,$ $\eta_p^2=0.015$）。

　次に，障害者を見かける機会の有無においては，映画鑑賞の主効果は有意であり（$F(1, 30)=13.331,$ $\eta_p^2=0.308$），映画鑑賞前よりも鑑賞後の方が潜在連合スコアは有意に低下していた。障害者を見かける機会の有無の主効果は有意であり（$F(1, 30)=7.008,$ $\eta_p^2=0.189$），障害者を見かける機会があると答えた人の方が，ないと答えた人よりも潜在連合スコアが有意に低かった。映画鑑賞と障害者を見かける機会の交互作用は有意でなかった（$F(1, 30)=0.180,$ $\eta_p^2=0.006$）。

　障害のある友人の有無においては，映画鑑賞の主効果は有意であり（$F(1, 30)=18.320,$ $\eta_p^2=0.379$），映画鑑賞前よりも鑑賞後の方が潜在連合スコアは有意に低下していた。障害のある友人の有無の主効果は有意でなかった（$F(1, 30)=0.021,$ $\eta_p^2=0.001$）。映画鑑賞と障害のある友人の有無の交互作用は有意でなかった（$F(1, 30)=1.371,$ $\eta_p^2=0.044$）。

　障害のある家族の有無においては，映画鑑賞の主効果は有意であり（$F(1, 30)=8.112,$ $\eta_p^2=0.213$），映画鑑賞前よりも鑑賞後の方が潜在連合スコアは有意に低下していた。障害のある家族の有無の主効果は有意でなかった（$F(1, 30)=2.777,$ $\eta_p^2=0.085$）。映画鑑賞と障害のある家族の有無の交互作用は有意でなかった（$F(1, 30)=1.146,$ $\eta_p^2=0.037$）。

　以上，障害者と関わる経験の有無，障害のある友人，家族の有無の主効果は有意でなかったものの，障害者を見かける機会の有無の主効果は有意であったことか

ら，仮説1は一部のみ支持された。映画鑑賞の効果は，すべての障害者との関係において有意であり，交互作用は有意でなかったため，仮説2，3は支持された。

2　潜在的態度の水準の検討

　映画鑑賞によって障害者に対する潜在的態度がどの程度緩和するかを，潜在的態度の水準という観点から検討するため，映画鑑賞前後，障害者との関係ごとの潜在連合スコアの平均値について基準値を0とする1サンプルの t 検定を行った結果を表4に示した。

　その結果，映画鑑賞前後とも，すべての障害者との関係においても，潜在連合スコアは基準値の0よりも有意に高い値を示しており，障害者に対する潜在的態度はいずれもネガティブなものであった。

IV　考察

1　映画鑑賞と障害者との関係が障害者への潜在的態度に及ぼす影響について

1．映画鑑賞の効果

　映画鑑賞前よりも，映画鑑賞後の方が，潜在連合スコアが有意に低くなることから，映画鑑賞という間接接触には，障害者への潜在的な偏見を和らげる効果があることが明らかとなった。また，そのことは，障害者との関係（関わる，見かける，友人，家族）のいずれにおいても有意であることが確認された。

　Turner et al.（2008）が提唱しているように，調査協力者は映画鑑賞を通して，障害者である主人公と間

表4　障害者との関係ごと，映画鑑賞前後ごとの潜在的態度における基準値を０とする１サンプルの t 検定の結果

障害者との関係	鑑賞前			鑑賞後		
	t	df	Effect Size	t	df	Effect Size
障害者と関わる経験						
有り	8.07 ***	25	1.58	4.86 ***	25	0.95
無し	11.47 ***	5	4.68	5.61 **	5	2.29
障害者を見かける機会						
有り	7.43 ***	21	1.58	4.23 ***	21	0.90
無し	8.32 ***	9	2.63	5.75 ***	9	1.82
障害のある友人						
いる	5.15 **	8	1.72	2.78 *	8	0.93
いない	8.65 ***	22	1.80	5.53 ***	22	1.15
障害のある家族						
いる	3.24 *	6	1.22	2.79 *	6	1.06
いない	10.29 ***	24	2.06	5.64 ***	24	1.13

Effect Size: Cohen's d
* $p<.05$, ** $p<.01$, *** $p<.001$

接的に接触したことで，障害者の存在が自己概念の中に包含されたと考えられる。また，障害者である主人公の周囲の人々は健常者であり，調査協力者の所属集団の別のメンバーと捉えることができる。彼らは調査協力者にとって，障害者との代理接触を担う存在であり，映画のストーリーの中で，次第に関係を築き，上手く相互作用していく様子は，効果的な間接接触として作用していたのではないだろうか。その結果，障害者への潜在的なステレオタイプが低減したのではないかと推論される。

さらに，本研究の対象映画は，障害当事者の周囲の人々の心情をも細かに描いた作品であり，障害の有無や，見た目の違いにとらわれず，内面を見れば誰もがさまざまな事情を抱えていて，皆一人ひとり違うというメッセージ性を有している。調査協力者は，障害者はもちろん，健常者である周囲の人々とも間接的に接触し，その結果，障害者と健常者に対する潜在的態度の差がより小さくなったのではないか。

２．障害者との関係の差異

調査協力者間での，障害者と関わる経験の有無，障害のある友人の有無，障害のある家族の有無による有意差はなかったものの，障害者を見かける機会がある人とない人では，有意差が見られた。

この結果は，NPO法人日本ブラインドサッカー協会（2020）の知見を一部追認し，障害者と接する機会や障害のある友人の有無による潜在的態度に，違いはないことを示していると言える。一方で，障害者を見かける機会の有無によっては，潜在的態度に違いがあった。ただし，ここでの見かける機会とは，そのような機会の有無に関する客観的事実というより，あくまで本人が障害者を見かけると感じているかどうかという主観的事実を意味する。質問紙調査において，障害者との関わりの有無や友人・家族の障害者の有無については，客観的事実に基づく回答が得られるが，見かけるかどうかについては，客観的事実というよりも本人が主観的にどう感じているのかが捉えられると言える。したがって結果からは，障害者を見かける，つまり，少なくとも主観的に，日常生活で障害者の存在を身近に感じられることが，障害者と健常者に対する潜在的態度の差をより小さくすることと関連していると言える。

見かける程度の接触であっても，顕在的な偏見意識が低くなることは，大槻（2006）の研究でも明らかにされている。この研究では，外国人との接触経験と，外国人への偏見・排外意識に関する調査を行っている。その結果，外国人との接触経験が一切ない場合に比べ，職場や学校で外国人と過ごしている，友人や親戚として関わっているといった場合はもちろん，外国人とあいさつを交わしたり，見かけたりする程度の接触があった場合にも，外国人への偏見・排外意識を抱いている人の割合が低いことが示されている。大槻（2006）の研究は顕在的な偏見意識を対象としており，本研究は

潜在的な偏見意識を対象としているという違いはあるものの，これらの研究知見からは，ただ，日常的に障害者と同じ社会で生きていることを当たり前のように感じられる環境を作ることも，差別や偏見の解消に貢献する可能性が示唆される。

3．障害者との関係による映画鑑賞の効果

映画鑑賞と障害者との関係に交互作用は見られなかった。この結果は，映画鑑賞による障害者への潜在的態度の変容に，障害者と関わる経験や見かける機会の有無，障害のある友人や家族の有無は影響していないことを示しており，誰もが映画鑑賞によって，障害者への潜在的態度を変容させる可能性が示唆された。

障害者と関わる機会を持つことには抵抗を感じる人もいるかもしれない。また，状況的にそのような機会を持つことが難しい人もいるだろう。ましてや，自らの意思で障害のある人と友人や家族になることは，簡単なことではないだろう。一方で，映画鑑賞は，障害者に対する否定的ステレオタイプの影響で接触に抵抗がある状況においても，障害者が不在の環境においても，可能である。特に，障害者を見かける機会がないと感じている人にとって，映画を鑑賞する意義は大きいだろう。

2　潜在的態度の水準

映画鑑賞には，障害者との関係にかかわらず，健常者と障害者との潜在的態度の偏りを和らげる効果があることが明らかになった。しかし，潜在連合スコアは0にはならなかったことから，映画鑑賞の効果は，潜在的態度をニュートラルにするまでには至らなかったと言える。つまり，間接接触を単独かつ単回実施するのみでは，潜在的態度の偏りをなくすまでの効果は確認されなかった。この結果は，間接接触の意義を否定するものではなく，間接接触を複数回行ったり，直接接触の前段階として間接接触を行い，その後，直接接触を行ったり，あるいは，その逆の手順など，実施方法に創意工夫を行い，間接接触の効果がより引き出されるような試みの必要性が示唆される。梅村（2017）は，仮想接触による外国人イメージの変化を調査し，外国人との接触経験が乏しい被験者は，接触経験が豊富な被験者よりも，仮想接触の効果が大きいことを実証した。これを踏まえると，少なくとも，直接接触の前段階としての間接接触，つまり，障害者への偏見の

緩和に向けた第一段階の取り組みとして，間接接触が有効である可能性が示唆される。

本研究の結果から，潜在的態度は，容易にニュートラルになるものではないことも示唆された。心の奥底で，無意識的に障害者に対してネガティブなステレオタイプを持ち，健常者とは異なる意識で障害者を捉えている可能性が示された。

V　今後の課題

まず，本研究の調査協力者は32名とやや少なく，女性26名に対して男性は6名と，データ数に偏りもあった。さらに，調査協力者のうち26名は教育学部の学生であり，その頻度に差はあるものの，障害者について講義で学ぶ機会や，実習で関わる場を経験している。本研究の結果から，障害者と関わる経験の有無による障害者への潜在的態度に違いはなかったものの，教育学部を選択する学生に，心理的な共通点がある可能性も否定できない。本研究の結果の解釈には，その点を考慮する必要がある。

加えて，IATによって算出されるスコアには，測定対象である概念間の連合の強度以外の要因も影響を及ぼす可能性が指摘されており（Mierke & Klauer, 2003），本研究において算出されたスコアが，「健常者」「障害者」と「ポジティブ」「ネガティブ」の連合の強度のみを捉えているわけではない可能性もある。また，あくまで2つの概念（本研究における「健常者」「障害者」）に対する潜在的態度を相対的に測定したもので，その概念に対する絶対的な態度として解釈することはできない（Friese, Wänke, & Plessner, 2006）。したがって，障害者に対する潜在的態度が，絶対的にネガティブであるとは判断できないということも念頭に置く必要がある。さらに，紙筆版IATの実施方法について，本研究では刺激語を32項目設定していたが，時間内に32項目すべてを振り分けた人がごく少数見られた。これらの人については，より厳密なデータを取るためにも，項目数を増やす必要があったと言える。また，本研究では，調査協力者の予定に合わせて映画鑑賞後1週間以内にIATを実施したが，本来は，同一条件下でIATを実施するべきであり，映画鑑賞後の経験の影響が結果に表れている可能性も否定できない。今後は映画鑑賞後，直ちに2度目のIATを実施する必要がある。ただし，間接接触の効果の1週間の持続性については，先にも述べたVezzali et al.（2012）の仮想接触の研究が

ある。小学生に移民の子どもと楽しく過ごす想像と記述をさせ，1週間後に顕在的・潜在的態度を測定した結果，両指標において，移民の子どもに対する態度が好転していたというものである。したがって，本研究においても，1週間後に映画鑑賞の効果がなくなっているとは考えていない。

　次に，調査協力者の障害者との関係について，より詳細な質問を設定する必要があるだろう。本研究では，障害者と関わる経験や見かける機会について，あるかないか，障害のある友人や家族について，いるかいないか，それぞれ2択で調査を行った。しかし，例えば，障害者と現在関わっている人と過去に関わったことがある人では何らかの違いがあるのかもしれない。また，先行研究において，障害者との直接接触によって差別意識を低減させるためには，「共通目標を協力して追求するような接触」（Allport, 1954）という条件があったように，関わる経験の内容によって，結果に違いが出るとも考えられる。どのような頻度で，どのような関わりをしたかなど，潜在的態度に影響を及ぼすさまざまな可能性を考慮し，細かく調査する必要がある。

　最後に，本研究で明らかになった映画鑑賞の効果は，本研究の対象映画に限ったものである。対象映画を鑑賞する群と，障害とは無関係な映画の鑑賞を行う群を設け，映画鑑賞前後の潜在的態度の変化を両群で比較するなどの検証が必要である。また，障害者を描いた映画は多岐に渡り，内容も多様である。例えば，本研究の対象映画は，主に障害当事者である主人公の学校生活が描かれている。日々，学校や児童生徒について学びを深めている教育学部の学生にとっては，感情移入が伴いやすい作品だったとも考えられる。その結果，教育学部の学生が大半を占めた本研究では，前述したような結果が得られたのかもしれない。そのように考えると，本研究で明らかとなった潜在的態度を変容させる映画鑑賞の効果を，教育場面などで活用する際には，観る人の背景や状況に合わせて，映画の内容を選定する必要がある。今後は，個人の背景やパーソナリティと映画の内容という2つの要素のかけ合わせから，潜在的態度の変容をより効果的に引き起こす組み合わせを明らかにすることが課題である。

●付記
　本調査にご協力いただきました皆様に心より感謝申し上げます。

●文献

Adler, A. K. & Wahl, O. F. (1998). Children's beliefs about people labeled mentally ill. *American Journal of Orthopsychiatry*, **68**, 321-326.

Allport, G. W. (1954). *The Nature of Prejudice*. Cambridge, New York, Doubleday Anchor Books.

Cameron, L. & Rutland, A. (2006). Extended contact through story reading in school, Reducing children's prejudice towards disabled. *Journal of Social Issues*, **62**, 469-488.

Crisp, R. J. & Turner, R. N. (2012). Theimagined contact hypothesis. *Advances in Experimental Social Psychology*, **46**, 125-182.

Friese, M., Wänke, M., & Plessner, H. (2006). Implicit Consumer Preferences and Their Influence on Product Choice. *Psychology & Marketing*, **23**, 727-740.

Greenwald, A. G., McGhee, D. E., & Schwartz, J. K. L. (1998). Measuring individual differences in implicit cognition: The implicit association test. *Journal of Personality and Social Psychology*, **74**, 1464-1480.

Heinemann, W., Pellander, F., Vogelbusch, A., & Wojtek, B. (1981). Meeting a deviant person, Subjective norms and affective reactions. *European Journal of Social Psychology*, **11**, 1-25.

池上知子 (2014). 差別・偏見研究の変遷と新たな展開 ―悲観論から楽観論へ― 教育心理学年報, **53**, 133-146.

栗田季佳・楠見孝 (2012). 障害者に対する両面価値的態度の構造, 能力・人柄に関する潜在的 ―顕在的ステレオタイプ― 特殊教育学研究, **49 (5)**, 481-492.

Mierke, J. & Klauer, K. C. (2003). Method-specific variance in the Implicit Association Test. *Journal of Personality and Social Psychology*, **85**, 1180-1192.

森尾博昭 (2007). 潜在的連合テスト (Implicit Association Test) の可能性 教育テスト研究センター第4回研究会報告書

内閣府 (2009). 障害を理由とする差別等に関する意識調査 https://www8.cao.go.jp/shougai/suishin/tyosa/h21ishiki/index.html (2024年10月5日閲覧)

内閣府 (2017). 障害者に関する世論調査 https://survey.gov-online.go.jp/h29/h29-shougai/ (2024年10月5日閲覧)

内閣府 (2022). 令和4年版障害者白書 https://www8.cao.go.jp/shougai/whitepaper/r04hakusho/zenbun/index-pdf.html (2024年10月5日閲覧)

西岡麻衣子 (2022). 「偏見につながる心理」の変容 ―集団間接触理論に基づいた異文化間協働学習を通して― 関西大学高等教育研究, **13**, 1-11.

NPO法人日本ブラインドサッカー協会 (2020). 障害者への無意識バイアステストに関する報告書 「人が無意識に持つ偏見を可視化する」プログラム「UB-Finder」を開発 https://bit.ly/2BHcl9c (2024年10月5日閲覧)

岡田有司（2023）．発達障害への接触経験が大学生の発達障害に対する態度に与える影響　パーソナリティ研究, 32, 96-98.

大槻茂実（2006）．外国人接触と外国人意識　―JGSS-2003 データによる接触仮説の再検討―　日本版 General Social Surveys 研究論文集, 5, 149-159.

Plant, E. A. & Devine, P. G.（2003）. Theanteced-ents and implications of interracial anxiety. *Personality and Social Psychology Bulletin*, 29, 790-801.

Rojahn, J., Komelasky, K. G., & Man M.（2008）. Implicit attitudes and explicit ratings of romantic attraction of college students toward opposite-sex peers with physical disabilities. *Journal of Developmental and Physical Disabilities*, 20, 389-397.

坂本玲子・前澤眞理子・久保木智洸・前澤哲爾（2018）．映画館での映画鑑賞による高齢者心理及び自律神経活動への影響について　山梨県立大学人間福祉学部紀要, 13, 11-22.

Schiappa, E., Gregg, P. B., & Hewes, D. E.（2005）. The parasocial contact hypothesis. *Communication Monographs*, 72, 92-115.

Shamloo, S. E., Carnaghi, A., Piccoli, V., Grassi, M., & Bianchi, M.（2018）. Imagined intergroup physical contact improves attitudes toward immigrants. *Frontiers in Psychology*, 9, 1-9.

潮村公弘（2015）．潜在的連合テスト（IAT）の実施手続きとガイドライン　―紙筆版 IAT を用いた実習プログラム・マニュアル―　対人社会心理学研究, 15, 31-38.

東京都練馬区（2020）．練馬区障害者基礎調査 https://www.city.nerima.tokyo.jp/kusei/tokei/shogai/0203kisotyosa.html（2024年10月5日閲覧）

Turner, R. N., Hewstone, M., Voci, A., & Vonofa-kou（2008）.

A test of the extended intergroup contact hypothesis, The mediating role of intergroup anxiety, perceived ingroup and outgroup norms, and inclusion of the outgroup in the self. *Journal of Personlaity and Social Psychology*, 95, 843-860.

梅村重之（2017）．仮想接触による外国人への差別的行動の好意的変化　―個人特性と仮想内容の変化によるプロセスに着目して―　愛知教育大学学術情報リポジトリ, 修士論文.

Van der Kolk, C. J.（1976）. Physiological and self-reported reactions to the disabled and deviant. *Rehabilitation Psychology*, 23, 77-83.

VanPuymbrouck, L., Friedman, C., & Feldner, H.（2020）. Explicit and implicit disability attitudes of healthcare providers. *Rehabilitation Psychology*, 65, 101-112.

Vezzali, L., Capozza, D., Giovannimi, D., & Stathi, S.（2012）. Improving implicit and explicit inter- group attitudes using imagined contact: An experimental intervention with elementaryschool children. *Group Processes and Intergroup Relations*, 15, 203-212.

Worchel, S., Andreoli, V. A., & Folger, R.（1977）. Intergroup cooperation and intergroup attraction, The effect of previous interaction and outcome of combined effort. *Journal of Experimental Social Psychology*, 13, 131-140.

Wright, S. C., Aron, A., McLaghlin-Volpe, T., & Ropp, S. A.（1997）. The extended contact effect , Knowledge of cross-group friendship and prejudice. *Journal of Personality and Social Psychology*, 73, 73-90.

好井裕明（2005）．映画がもつ"啓発する力"を調べる可能性　―『フリークス』を読む試みから―　先端社会研究, 2, 303-329.

Potential of Movie Viewing in Changing Potential Attitudes toward Persons with Disabilities

Takahashi Mako [1], **Aiko Hirosawa** [2], **Toru Fujioka** [2], **Masafumi Ohnishi** [2]

1) Former University of Fukui
2) Humanities and Social Sciences, University of Fukui

Negative potential attitudes toward persons with disabilities are believed to underlie discrimination and prejudice against them. It has been suggested that, although attempts to eliminate these prejudices by directly interacting with persons with disabilities may be effective in changing manifesting attitudes, they may not be effective in changing potential attitudes. Indirect contact-such as viewing stories and images depicting people with disabilities and imagining interactions-has attracted increasing attention in recent years. However, it has not been clarified whether indirect contact is effective in changing potential attitudes toward persons with disabilities. The present study focused on indirect contact and examined whether watching movies depicting people with disabilities affects potential attitudes toward people with disabilities by administering the paper-pencil Implicit Association Test before and after watching movies. The results indicated that film viewing can change potential attitudes toward persons with disabilities, possibly via an indirect contact effect.

Keywords : persons with disabilities, manifesting attitudes, potential attitudes, indirect contact, paper-pencil Implicit Association Test

実践研究論文の投稿のお誘い

『臨床心理学』誌の投稿欄は，臨床心理学における実践研究の発展を目指しています。一人でも多くの臨床家が研究活動に関わり，対象や臨床現場に合った多様な研究方法が開発・発展され，研究の質が高まることで，臨床心理学における「エビデンス」について活発な議論が展開されることを望んでいます。そして，研究から得られた知見が臨床家だけでなく，対人援助に関わる人たちの役に立ち，そして政策にも影響を与えるように社会的な有用性をもつことがさらに大きな目標になります。本誌投稿欄では，読者とともに臨床心理学の将来を作っていくための場となるように，数多くの優れた研究と実践の取り組みを紹介していきます。

本誌投稿欄では，臨床心理学の実践活動に関わる論文の投稿を受け付けています。実践研究という場合，実践の場である臨床現場で集めたデータを対象としていること，実践活動そのものを対象としていること，実践活動に役立つ基礎的研究などを広く含みます。また，臨床心理学的介入の効果，プロセス，実践家の訓練と職業的成長，心理的支援活動のあり方など，臨床心理学実践のすべての側面を含みます。

論文は，以下の5区分の種別を対象とします。

論文種別	規定枚数
①原著論文	40枚
②理論・研究法論文	40枚
③系統的事例研究論文	40枚
④展望・レビュー論文	40枚
⑤資料論文	20枚

①「原著論文」と⑤「資料論文」は，系統的な方法に基づいた研究論文が対象となります。明確な研究計画を立てたうえで，心理学の研究方法に沿って実施された研究に基づいた論文です。新たに，臨床理論および研究方法を紹介する，②「理論・研究法論文」も投稿の対象として加えました。ここには，新たな臨床概念，介入技法，研究方法，訓練方法の紹介，論争となるトピックに関する検討が含まれます。理論家，臨床家，研究者，訓練者に刺激を与える実践と関連するテーマに関して具体例を通して解説する論文を広く含みます。④「展望・レビュー論文」は，テーマとなる事柄に関して，幅広く系統的な先行研究のレビューに基づいて論を展開し，重要な研究領域や臨床的問題を具体的に示すことが期待されます。

③「系統的事例研究論文」については，単なる実施事例の報告ではなく，以下の基準を満たしていることが必要です。

①当該事例が選ばれた理由・意義が明確である，新たな知見を提供する，これまでの通説の反証となる，特異な事例として注目に値する，事例研究以外の方法では接近できない（または事例研究法によってはじめて接近が可能になる），などの根拠が明確である。
②適切な先行研究のレビューがなされており，研究の背景が明確に示される。
③データ収集および分析が系統的な方法に導かれており，その分析プロセスに関する信憑性が示される。
④できる限り，クライエントの改善に関して客観的な指標を示す。

本誌投稿欄は，厳格な査読システムをとっています。査読委員長または査読副委員長が，投稿論文のテーマおよび方法からふさわしい査読者2名を指名し，それぞれが独立して査読を行います。査読者は，査読委員およびその分野において顕著な研究業績をもつ研究者に依頼します。投稿者の氏名，所属に関する情報は排除し，匿名性を維持し，独立性があり，公平で迅速な査読審査を目指しています。

投稿論文で発表される研究は，投稿者の所属団体の倫理規定に基づいて，協力者・参加者のプライバシーと人権の保護に十分に配慮したうえで実施されたことを示してください。所属機関または研究実施機関において倫理審査，またはそれに代わる審査を受け，承認を受けていることを原則とします。

本誌は，第9巻第1号より，基礎的な研究に加えて，臨床心理学にとどまらず，教育，発達実践，社会実践も含めた「従来の慣習にとらわれない発想」の論文の募集を始めました。このたび，より多くの方々から投稿していただけるように，さらに投稿論文の幅を広げました。世界的にエビデンスを重視する動きがあるなかで，さまざまな研究方法の可能性を検討し，研究対象も広げていくことが，日本においても急務です。そのために日本の実践家や研究者が，成果を発表する場所を作り，活発に議論できることを祈念しております。

（査読委員長：岩壁 茂）（2017年3月10日改訂）

上田勝久 兵庫教育大学 *Katsuhisa UEDA*

連載 スクールカウンセラーのはじめかた

Let's Get Started as School Counselors!

❶学校の異人たち

Ⅰ　プロローグ

　暗い話から始めなければならない。いまから20年も昔の話である[注]。

　私の心理職としてのキャリアは苦難の連続だった。私は大学在学時に心理職を志した。ある臨床心理学の講義にすっかり魅了されてのことだった。

　臨床心理士指定校制度が始まったころのことであり，しかしながら私には大学院進学のためのお金がなかった。実家は私を大学にやるだけで精一杯だった。それでも心理職を諦めきれず，学部卒（見込み）のまま無謀な就職活動を続けた。10通目のお祈り通知を受け取った翌日に，当時のゼミ教員からとある精神科単科の病院を紹介された。無資格でも雇ってくれるとのことで，このときの救われた気持ちはいまでも鮮明に思い出すことができる。

　当時の現場は有資格者と無資格者が混在しており，私のような「学部卒・無資格」の心理職は少なからず存在していた。無資格の心理職でもそれなりにみんな機能していた。

　でも，私は違った。まず心理療法が続かない。多くのケースが1，2回で中断してしまう。デイケアにも配属されたが，元来人付き合いの苦手な私はどうしてよいかわからず，しまいにはメンバー（デイケアの利用者）から「あの人，何か，不穏です」「何か殺気立ってるというか，空気が殺伐とし

てるよ」と主任に訴えられる始末だった（若いころの私は電車内で赤ん坊と目が合うと，いつも必ず泣き叫ばれていた）。多彩な精神症状や行動問題をどう理解し，どう対応すればよいのかもわからなかった。懸命に「傾聴」と「共感」に努めるがうまくいかない。スーパービジョンを受け，研修に通い，『心理臨床大事典』を常に持ち歩いて「専門家」になろうと努めた。必死だった。たえず「クビ」の二文字が背後にあった。

　がむしゃらに学んだのが功を奏したのか，しばらくすると心理療法は継続するようになった。だが，今度は患者の激しい行動化に悩まされた。すでに院内には「上田がみると，患者が悪化する」という評判が立っていた。振り返ると，それは確かな事実だった。ひとえに訓練不足が要因であり，おそらくカウンセラーとしての資質も乏しかったのだろう。何よりもユーザーに申し訳なかった。いまでも当時の患者が夢に出て，「聞いてるばかりで，何もしてくれないじゃないっ！」と私に叫ぶ。本当に申し訳ない話だが，私は「どうすればよくなるか」よりも「何をすれば悪化するのか」を痛いほど学んできた。

　費用がたまって，働きながら夜間の大学院に進学したのは26歳のときだった。そこで精神分析の知を学んでからは随分と支援に取り組みやすくなった。患者の苦難と自分が味わっている臨床体験の意味を考えるための補助線をもらったからだ。

臨床心理士資格の取得は30歳だった。だが，時すでに遅しで，私の病院での雇用形態は常勤的非常勤というよくわからない立場になっており，勤務日数を減らされていた。生活は逼迫していた。

そんなある日，突然に教育委員会から「スクールカウンセラー」の推薦連絡が入った。中学校担当とのことだ。当時は県士会にスクールカウンセラーの希望を出すことで，この仕事にありつけるシステムだったが，県士会役員の誰かが私を推薦してくれたようだった。そのころ私は学会発表に精を出していたので誰かが見てくれていたのかもしれない。「あしながおじさん」は本当にいるのだと思った。二度目の救いだった。

もう申し訳ないことはできない，とこころに固く誓った。2009年の春の兆しが見え始めていたころのことだった。

II　最初の挨拶

こんなに重苦しい始まりの連載はいまだかつてなかったのではないかと思う。でも，スクールカウンセリングの連載に相応しいのではないかとも思う。スクールカウンセラー制度――慣習通りにSCと略そう。でも，私はこの省略文化がちょっと苦手だ。ThやらClやらMoやら，略号だらけになると暗号文書みたいな気がしてしまって――は1995年に本格始動したが，日本はバブルがはじけ，大震災に見舞われ，サリンがまかれるという本当に絶望的な出来事の最中にあった。学校は不登校問題やいじめ問題が深刻化し，「こころのケア」という言葉が社会に広がりつつあった。そのような時代に満を持してSCが導入された。大袈裟でなく，SCは希望の光だったと思う。

私もそうだった。とにかく仕事がなくて，家賃

注）これからスクールカウンセリングについての連載を始めますが，ここに登場するさまざまなエピソードは基本的にはすべて「フィクション」としてお読みいただけたらと思います。とはいえ，無から有は生みだせないように，あらゆる小説や物語がその作者の人生経験と切り離せはしないように，このフィクションは私の経験にもとづいています。

は2万円だったけれど生活はぎりぎりだった。周知のとおりSCの時給は高い。まさに希望の光だ。私は張り切っていた。それに精神科病院への赴任時とはこころ持ちが決定的に違っていた。精神科で働き始めた当初，そこは私にとって異界そのものだった。それまでの人生にはなかった場所だったから。でも学校は違う。子ども時分に嫌というほど味わってきた馴染みある場所だ。それに私は学校適応がそこそこよかった。よくなかったかもしれないが，よかったはずだ。それに中学3年時の担任も仰っていたではないか。「学校はね，失敗の許される場所なんだよ。失敗から学ぶ場所なんだよ」。私は張り切っていた。こんなに桜が待ち遠しいと思ったことはない。

*

「私はSCの上田といいます。みなさんの悩みごとや困難を一緒に考える者です。悩みや困難なんてないほうがよいと思うかもしれませんね。でも，悩みや困難はその人のこころの器が一回り大きくなろうとするときに生じるものなんです。それこそがみなさんの成長のきっかけになるものであり，そこにどんな意味があるのかを一緒に考えていきましょう」

全校集会での挨拶の文面は完璧だ。何度も暗唱してきた。職員室での挨拶も準備万端だ。青山のスーツだって完璧だ。最初の勤務日，校長室でちょっと神経質そうな校長と仏のごとき温厚な笑顔の教頭との挨拶を済ます。好青年に見えたはずだ。殺気だって微塵もない。完璧だ。仏に「じゃあ，先生はあちらの席へどうぞ」と職員室の一番隅の席へと誘われる。周囲の先生は忙しなく作業しながら，ちらりと私を一瞥する。とりあえず会釈を返す。先生たちも少し会釈するが，いそいそとデスクワークに戻る。なかなか気まずい空気だ。でも，それも職員朝会での挨拶が終わるまでだ。私がいかにフレンドリーな人物かを知らしめる。最初が肝心だ。いよいよ朝会が始まる。私の挨拶の番がくるまで落ち着かないが，緊張を放散する

わけにはいかない。前日に『家裁の人』を読んできた。桑田判事の佇まいをこころに棲まわせてきた。カウンセラーたるものゆとりが大事だ。しかし、早く早くと気持ちが急く。まだか、まだなのか……

「……というわけで、今日も一日よろしくお願いします」と仏は締めくくった。朝会の閉会宣言だ。先生たちは各々の作業に戻る。あれ？　私の挨拶は？　思わず「先生、私のこと忘れてますよ」と声をあげそうになった。だが、周囲は慌ただしく1限目の準備に入っている。どういうことだ？　私の挨拶コーナーがない。先生たちはもう私のことなど眼中にない。仏は何やら電話で話しこんでいる。私は茫然と座り続けていた。身動きが取れなかった。挨拶が、ない、だと？　とりあえず私は鞄から「SC連絡協議会資料」なる冊子を取り出し、しかつめらしい顔で読み始める。でも文字は見えてない。誰も声をかけてこない。もしかして見えてないのか？　いやいやさっき会釈された。私は部外者なのか？　私は誰だ？　実存的な問いが浮かぶ。いやいやSCだ。臨床心理士カードだってちゃんとある。遠くに佇む仏をもう一度見る。受話器片手に何か笑ってる。仏じゃなかったのか？　大体学校では挨拶は掟のはずだ。子どもたちにさんざん挨拶運動をさせてきたじゃないか。でも、その機会はなかった。

私の殺気をカバーするのは「SC連絡協議会資料」の紙切れだけだった。

＊

いまでこそ「チーム学校」の一員としてSCはそれなりに親切に招き入れてもらえるが、いまから15, 6年前はそうでもなかった。これまでに何校か異動してきたが、こういう学校は他にもあった。無論、なかには職員にも全校生徒に対しても十分な挨拶の機会を準備してくれている学校もあった。感触としては半々ぐらいである。

いまならば、先生たちのこの様相の意味がわかる。これこそが学校文化における「4月の風物詩」なのだ。まず、4月はふつうに忙しい。何がそんなに忙しいのかは部外者にはよくわからないが、とにかく忙しい。学級運営のための土台作りとか、種々の事務作業とか、きっとそういうのだ。「教師はチームプレイ」とかいわれたりするが、でも、生徒たちの前では常にたったひとりだ。たったひとりで集団を相手にしている。そのプレッシャーは計り知れない。だから、この「4月の土台作り」はやっぱり大切なことなのだと思う。

それに公立学校の先生には異動がある。4月の職員室には、以前からいる先生と新たに着任してきた先生とのあいだの曰く言い難いせめぎ合いがある。新旧緊迫の時期なのだ。新の先生は適応に必死であり、旧の先生でさえ新の参入により、馴染みある職場を新奇的に体験する。「適応」という人間存在に関わる大目標を掲げる学校において、まずは先生方こそが「適応」のためにしのぎを削っている。場に自分を息づかせるのに必死なのだ。週1勤務のSCにまで気は回らない。

「いやいや、そんなことよりも、椅子で鬱々している暇があるなら、自ら挨拶しにいきなさいよ。社会人なんだから」と思われるかもしれない。わかる。社会適応とはそういうものだ。いまの私なら全体への自己紹介の機会が与えられようが与えられまいが、一人ひとりの先生に挨拶してまわる。社会人としての礼儀という文脈以上に、この行為自体が大切な「アセスメント」になっているからだ。その意味は次回記すつもりだ。だけど、ここで言いたいことは、このときの私はまったく「異人」だった、ということだ。「精神科と違って馴染みある場所だしね」という幻想は完全に打ち砕かれていた。馴染みある場だったはずの学校は、外の者にとってはときに近寄りがたい強固な要塞と化していた。

でも、考えてみると、確かに私たちは「異人」なのだ。SCは教師とは違う。もっている知識も、理論も、養成課程も、役割も違う。ステレオタイプの分類になるが、教師は子どもたちに知識を教える。他方、SCはむしろ子どもたちに教えてもら

う。教師は集団のありようを重視し，指導と評価，適応のための方策を教えるのが主な任務だ。対して，SCは個のありように着目し，不適応であることの理由や意味を考える。教師は実際的・現実的な課題を設定し，段階的に課題解決に向けて取り組む方法を教授する。SCは無意識をふくむ個人の内面を考え，相談者のペースに沿って支援していく。同じ人間でありながら生きている文化がまるで違う。SCが学校に入ることは，学校側からすれば，こうした「異質な存在」を——独自の専門性をもつ「異人」を——自分たちの組織や文化にどのように組みこんでいくのかというストーリーを有している。

もちろん，この緊迫には他の事情もあったりする。私のように元々人付き合いが苦手で，ややもすると殺気立ってしまうといったそのSC固有の特性も考慮すべきだ。しかし，後でわかったことだが，実はこの学校には別の事情もあったのだ。というのも，私の前のSCの評判が少なくとも先生たちのあいだではよくなかったらしい。そのSCは支援を子どもや保護者センタードで進める想いが強く，結果としてしばしば先生たちと対立していたそうである。ときには先生が「悪者扱い」されることもあったようで，そうした苦い歴史が私の「異人感」に拍車をかけていたのだ。戦争は爪痕を残す。

当時は前SCに憤慨したものだが，でも，いまは一概にこのSCがまずかったとも思えない。私たちの役割の根幹はやはり「子ども・保護者センタード」にあるからだ。問題は，その子ども・保護者センタードを通じてつかんだ理解や関わりを，学校全体に波及させえなかったことにあったのだと思う。

この連載の肝はこれだ。SCは個を見る。個に関わる。そして，その個との取り組みから得たものを学校という組織全体にどのように波及させるか，染みこませるか，それこそがSCの重要な役割であり，スクールカウンセリングの原論であると私は考えている。その具体的方策を語るのがこの連載の目的だ。

次節ではこのことをさらに理論的に記してみよう。

III　学校の異人たち
——私のスクールカウンセリング原論

SCは「異人性」をそなえている。この異人性はおそらく病院よりもはるかに浮き彫りになりやすい。無論，病院においても私たちは異質な存在ではある。でも，病院においては，その異質性は際立ちにくい。病院には他にも「専門家」がたくさんいるからだ。医師，看護師，薬剤師，検査技師，理学療法士，作業療法士，精神保健福祉士などさまざまだ。その複数の「異質性」に囲まれているゆえに，私たちの異質性もまた特別際立ちにくいところがある。

一方，学校にも用務員や事務職員，養護教諭などがいるにはいるが，その構成員のほとんどは教師だ。そこに異なる専門性をもつ人間が入りこめば，その「異質性」が際立つのは当然だ。これが「溶けこめなさ」「馴染み難さ」と結びつく。私たちは独自の専門性を有しているゆえに，逆に専門家として機能することの難しさを味わうことになる。ここにはやっかいな逆説がある。

でも，この逆説にこそSCの存在意義がはらまれている。この難しさを抱えながらSCとして場に馴染んでいくことが，実は学校全体の成長につながる可能性を帯びている。

それを説明する前に，もう少し「異質性」に注目してみよう。

学校という場は，基本的には一律のカリキュラムをこなし，ある規律に従いながら集団適応を目指してさまざまな活動に取り組むことに，人間存在の根拠を見出そうとする場所だ。そして，こうした視点から見ると，学校にはSCとは別に「異質」な存在がいることに気づかされる。不登校状態や発達障害的な特性をもつことで不適応状態になっている児童生徒や，さまざまな問題・困難を抱えている子どもたちだ。もちろん彼らそのもの

図1　調和がとれている学校

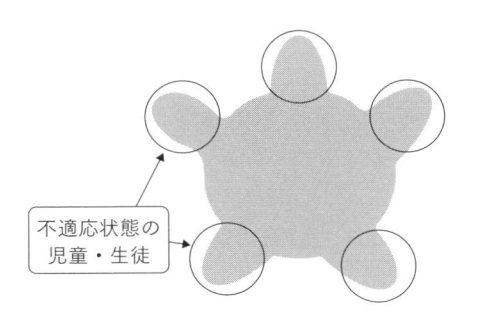

不適応状態の
児童・生徒

図2　不適応状態の児童生徒の出現

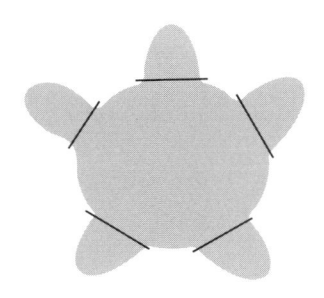

図3　不適状態にある児童生徒の排斥

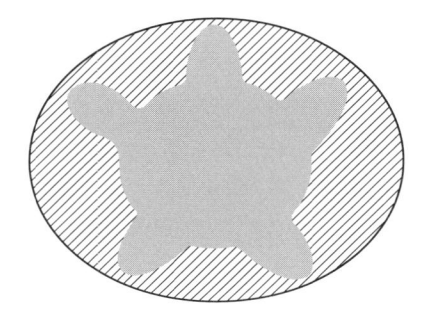

図4　個々を支援すると……

が「異質」なわけではない。別の場所なら，「異質」ではなかったかもしれない。でも，「学校」という場においては，やっぱり彼らは「異質な存在」とみなされる。異質性とは相対的なものだ。

授業中に漱石や太宰や谷崎に読み耽る，自閉的特性を有するある生徒のことを思い出す。本を取り上げると暴れるし，あてたら黒板を見てぱっと正答を出してくる。だから先生たちも手の打ちようがなく，内心もやもやしながらそっとしておくしかなかった。ある日の休み時間に私が「君は何で授業中に本を読んでるの？」と尋ねると，彼は「俺，教科書じっと見てないだけで，みんなより本読んでるよ」と応えた。

SCも「異質」で，不適応状態にある児童生徒も「異質」で，もしかすると私たちはこの「異質性」によって共鳴し合うところがあるのかもしれない。いや，きっとあるのだろう。しばしば「先生には話せないけれど，SCには話せる」という児童生徒に出会うが，それは何も私たちが聞き上手だからという理由だけではないのだろう。この「異質性」

という構造自体が生み出す特性が多分に影響しているはずだ。

でも，本当にいいたいことはこれじゃない。私たちが「異質性」を携えて，その個人の事情を深く理解し，深く関わることが，実は学校組織全体を成長させていくという話をしたい。

図式化してみよう。これは京都大学名誉教授の桑原知子さんの著書（桑原，2016）にあった図を私が改変したものだ。

図1はその学校内に不適応状態にある児童生徒が「いないよう」に見え，調和の取れた，いわば「丸く収まっている学校」だ——当然こんな学校はありえない。図2は学校の「輪」や「器」に収まらない「不適応状態」と名打たれた児童生徒が現れたときの図だ。

次の図3の実線部は，個々の児童生徒の「不適応状態」を切り離すことで，再度元の器に収まり，学校の調和を回復させようとする動きを示している。ここでいう「切り離す」とは，彼らを無理に矯正して集団内に収めようとしたり，不適応状態

に対する無理解であったり，不適応状態を見て見ぬふりして関わりを放棄したり，最低限の機械的な関わりに終始したりする事態を意味している。

カウンセラーの仕事はこうした不適応状態にある児童生徒の状態像や心境を理解し，彼らに応じた支援策を模索することだ。その異質さの内実を，彼らと環境との齟齬や彼ら自身の課題や病理を，あるいは彼らに対する学校側の課題や病理を，そして，それらの内に潜在する創造的な可能性を，つかもうとする。このとき学校は既存のものとは異なる新たなやりかたをその都度見出さねばならなくなる。既存のやりかたに何らかの改変を加えたり，ときにはこれまでとはまったく異なる関わりに挑戦したりせねばならないかもしれない。学校はこれまでと異なるありかたを模索することになる。その礎となるのが異質性と外部性をそなえるSCの存在なのだと私は思う。

IV　新鮮な空気を送る——組織変革の第一歩

ときに学校は保守的だと揶揄される。でも，保守には保守の理由がある。図1のような「丸く収まっている状態」はそれ自体，これまでの試行錯誤のなかでようやく辿り着いた調和だからだ。しかし，ようやく整えた調和は不適応状態の児童生徒の出現により揺さぶられる。でも，彼らを支援することには学校を一回り大きな「器」にする成長への可能性が秘められている。それが図4だ。「器」からはみだしていた子どもたちを支援の射程に入れることができると，学校の「器」は元のものよりも拡大される。これが「個への関わりの蓄積が学校全体を成長させる」の意味だ。

新たな支援策を捻出すると，関わった先生たちの技量が上がる。子どもたちへの理解に幅と深みが生まれる。私たちの言葉でいえば，アセスメント力が増し，効果的な介入が可能となる。そのうえさらに大事なことがある。このときポイントとなるのは，図4の斜線部にいる児童生徒の存在だ。彼らは「潜在的な問題を抱えながらも，いまだ問題が顕在化していない児童生徒」である。「器」の

拡大は彼らをも包みこむ。「気づかれぬ苦しみ」や「受け取り手のいない問題」をもつ子どもたちを感知する力を高める。

実際，私たちはある児童生徒を支援するときに担任を主に先生たちと連携するが，なかには単に私たちの理解や介入を「ほほう」と見ているだけでなく，その理解の仕方，支援の仕方そのものを「学んで」いく先生たちがいる。こういうとき，教えることのプロは教えられることのプロでもあるのだなと思ったりするが——そして，SCもまた先生たちの見方や支援の仕方を学んでいく。つくづく連携とは「相互学習プロセス」なのだと思わされる——そのような先生たちは他の子どもたちへの感受性もアップさせる。児童生徒の微妙な変化や危機への感受性を高めていく。当然，SCよりも先生たちのほうが児童生徒と接する時間が多いので，先生たちのアセスメント力が増せば増すほど，「潜在的な不適応状態」にある児童生徒のわずかなシグナルを拾いやすくなる。こうして学校全体が変化していく。

これが上述した「個との取り組みから得たものを学校組織全体に波及させる」の一例だ。心理教育などを通じて，心理学・臨床心理学の知を児童生徒や先生たちに広く啓蒙することは大切だ。でも，それは個への関わりを丹念にしていくことでも可能である。「異人」であるがゆえに，私たちは学校に新たな風を巻き起こしうる。

もちろん，うまくいかないこともある。実践とはそういうものだ。私も当初まったく相手にされない学校に何度かめぐりあってきた。そんなときには「投影同一化」という概念が役立つかもしれない。

「投影同一化」とは，相手の心境と類似のものを私たち自身が体験する心的機制だ。たとえば，親から支配され，管理されてきた成育史をもつ保護者と関わるなかで，次第にその保護者がカウンセラーの些細なしぐさや何気ない言動に「そういうのはまったくカウンセラーらしくない」などと批判を繰り返すようになり，カウンセラーが極度に

窮屈な想いを抱き始めたときに「これは投影同一化が起こっているのかもしれない」などと考えたりする。対象の心性が私たちのこころに宿る現象だ。

　学校に着任した当初まったく活用されず，無力感を抱いたら，SCはこの観点から事を考えてみるとよいかもしれない。すなわち，その学校のなかの「事態に対するどうしようもなさ」や「無力感」を，異人で新参者である私たちがいつのまにか担わされている可能性だ。あるいは学校全体が「この問題はこういうもので，こうすべきなのだ。ゆえに他所の専門家の思考など不要」という単一的思考に陥り，多様な理解を生成するための「ゆとり」を失っているときにもSCは排斥されるかもし

れない。このとき私たちは学校に蔓延する「新たな理解の可能性の排斥」を一身に味わっている。

　でも，そんなときこそ私たちが機能すること，SCとして生き抜くことが大切だ。学校の澱んだ閉塞状況に風穴を開け，新鮮な空気を送りこむ可能性をはらむからだ。

　そして，「不適応状態」に陥っている子どもたちは，その新鮮な空気こそを待ち望んでいるかもしれないからだ。

●文献

桑原知子 (2016) 教室で生かすカウンセリング・アプローチ. 日本評論社.

金剛出版ワークショップ2025

児童・青年期の臨床作法

松本俊彦/井上雅彦/本田秀夫/斎藤 環

児童・青年期臨床領域で活躍する豪華講師陣が出演。発達障害の子どもへの応用行動分析，若者たちの「見えない傷」へのアプローチ，思春期のこころとオープンダイアローグ，神経発達症の子どもたちへの医療的ケアなど，多彩なテーマを学べる講座。1日2講座を2日実施，いずれも対面とオンラインのハイブリッド開催（アーカイブ配信あり），臨床をブラッシュアップできる充実のプログラム。

第1回
6月15日
［日曜］
10:00-16:30

講座❶  **松本俊彦**（国立精神・神経医療研究センター精神保健研究所）
思春期の子どもたちの「見えない傷」を見る
やめられないのは，誰かのせい？

講座❷  **井上雅彦**（鳥取大学医学系研究科臨床心理学講座）
発達障害のある子どもへの支援
応用行動分析をもとにした本人支援から地域支援まで

第2回
7月5日
［土曜］
10:00-16:30

講座❶  **本田秀夫**（信州大学医学部子どものこころの発達医学教室）
神経発達症の子どもたち

講座❷  **斎藤 環**（医療法人八月会つくばダイアローグハウス）
オープンダイアローグへの招待
思春期のこころ・いじめ・ひきこもり

• チケット──対面受講＝8,000円／オンライン受講＝6,000円　　• 会場──連合会館（東京都千代田区神田駿河台3-2-11）
• 臨床心理士資格更新ポイント取得申請中

Ψ 金剛出版
東京都文京区水道1-5-16　電話 03-3815-6661　FAX 03-3818-6848
https://www.kongoshuppan.co.jp/

臨床心理学●最新研究レポート シーズン3
The newest research report Season 3

第52回

「科学者－実践者－アドボケートモデル」を通して公共心理学を創造する

Miles JR & Fassinger RE（2021）Creating a public psychology through a scientist-practitioner-advocate training model. American Psychologist 76-8 ; 1232-1247.

蔵岡智子 Tomoko Kuraoka
東海大学文理融合学部地域社会学科

I　はじめに

　「科学者－実践者モデル」は，第二次世界大戦後のアメリカにおいて心理職を養成する必要性が高まったことから生まれ，トレーニングモデルとして古くから採用されてきた。日本国内でもよく知られるこのモデルが提唱されてからいくつのモデルが登場したが，近年アメリカ心理学会（APA）が認定しているのは，Fassinger & O'Brien（2000）によって提唱され，Mallinckrodt et al.（2014）によって発展された「科学者－実践者－アドボケートモデル（Scientist-Practitioner-Advocate Model）」である。2009年にアメリカ心理学会（American Psychological Association : APA）から認定を受けた，テネシー大学カウンセリング心理学プログラムにおいてはじめて採用されたこのモデルは，従来の科学者と実践者の役割に，クライエントの困難に関わる社会的文脈にも対応するアドボケートとしての役割を盛り込んだものである。科学者と実践者は，アドボカシーを通して社会に利益をもたらし生活を向上させるという学問的使命を推進する上で，共通の基盤をもつことができる。

　今回紹介する論文は，"American Psychologist"誌の2021年の特集号「公共心理学——21世紀の社会貢献型科学の推進」に掲載されたものである。本特集は，前年に始まった世界的なパンデミックを背景とした社会情勢のなか，社会的・経済的・政治的課題に向き合う公共心理学を扱ったもので，心理職が公共空間に出て，社会課題に向き合うよう呼びかけている。特集号の紹介によると，「科学者－実践者－アドボケートモデル」の教育に焦点を当てた本論文では，人種間の暴力，健康・経済格差といった根強い社会問題に，心理学を通して取り組むことが喫緊の課題であると指摘している。著者らは，心理職が複雑な社会問題にうまく介入していくためには，革新的で強力な大学院教育プログラムが必要不可欠であるとしているが，心理学において「実践」は，ほぼカウンセリングや心理療法を指すものとして概念化されており，アドボカシーは，学術的・専門的な心理職の日常的な職務を超えた活動を指すと考えられている。そのようななか，このモデルは，心理学のサブフィールドを超えた応用に大きな可能性を示している（Eaton et al., 2021）。

　日本国内においても，格差や差別といった社会構造に根差した課題が顕在化するなか，心理職が

その専門性を用いてクライエントをエンパワメントし，セルフアドボカシーの力を高め，時にはその声を代弁するアドボカシー・コンピテンシー（アドボカシーを実践する専門性・職業的能力）が必要とされている。さらには，クライエントを取り巻く組織や制度のみならず，社会全体に働きかける能力も専門性の一部として位置づける必要がある。このようなミクロレベル（個人）・メゾレベル（組織）・マクロレベル（社会全体）において心理職が発揮するアドボカシー・コンピテンシーは，カウンセリング心理学においてその歴史が長く，アメリカ・カウンセリング学会では1990年第後半からアドボカシーに重点をおいたタスクフォースに着手し，6領域モデルとして整理されている（Toporek & Daniels, 2018；蔵岡ほか，2023）。米国ではこの20数年で，アドボカシー実践が心理職の専門性のひとつとして定着したといえるだろう。

「科学者－実践者－アドボケートモデル」の教育について紹介するとともに，心理職の役割を拡大し公正な社会を目指して社会に働きかけようと呼びかける本論文の意義を，2025年の現時点から改めて問い直したいと思う。

II　科学者－実践者－アドボケートモデルの概要

心理学は，研究を通じて人間の行動を解明し，臨床実践を通じて精神衛生上の困難を緩和する能力を備えており，健全で公正な世界を作ることに貢献できる。心理学は，社会にその知見を広め，最も弱い立場にあるメンバーのためにアドボケートし，制度的な要因に気づき介入策を生み出し実施することや，科学によって政策に情報を与えることで，研究室や治療室から公共の領域に進出できる。心理学の科学と実践は，「社会に利益をもたらし，人々の生活を向上させる」（APA, 2009）ことが可能であり，またそうでなければならない。

公共心理学は，コミュニティ心理学の公衆衛生的関心の延長とみなされており，実践思考に根ざした応用心理学と位置付けられている。本論文著者は公共心理学を，臨床心理学・カウンセリング心理学・学校心理学・産業組織心理学などの下位分野を超えて，外向きで，社会的に関与し，学問領域全体に及び，すべての人のための公平性，アクセス，包摂，正義，安全といった社会正義の目標を通じて公益を高めることに焦点を当てたものとして概念化する。

心理学教育の基礎にアドボカシーへの配慮を明確に位置付けることは，公益のために心理学をより意図的に利用することを意味する。そこでは科学者と実践者は，社会に利益をもたらし生活を向上させるという学問的使命を推進する上で，共通の基盤を見出し，それぞれ独自の強みを相互に認め合うことができるだろう。さらに，すべての心理職の中核的な役割にアドボカシーを加えることで，科学と実践の間をよりよく調和することができ，学問分野全体に適した統一モデルとすることができる。

III　APAにおけるアドボカシーの取り組み

心理学におけるアドボカシーの取り組みの歴史は長く，古くは第一次世界大戦における陸軍新兵検査，第二次世界大戦帰還兵のメンタルヘルスサービスの提供などがある。APAが組織としてどのようにアドボカシーに取り組んできたかを振り返ると，例えば1956年，APA評議会は，人間の福祉に関する公共政策への心理学の応用に関するランドマーク決議を採択し，APAがアドボカシー活動を正式に受け入れる先駆けとなった。また，1962年に初めて公式の第三者意見を提出して以降，APAは中絶，アファーマティブアクション，死刑制度，精神障害者の権利，性的指向（同性婚，子どもの親権と養子縁組，兵役など）などの問題について，米国の司法制度に対して160以上の第三者意見を提出してきた。1970年以降は社会から疎外されたグループ（高齢者，障害者，性的マイノリティなど）のニーズに応えるために，参加性を高める組織を設立し，これらの組織から多くの報告書（例えば，女性と女児のセクシュアリゼーション，LGBTの家族，移民，深い貧困など）や

ガイドライン（例えば，人種的・民族的マイノリティ，女性と女児，性的・ジェンダー的マイノリティ，障害者など）が提出されている。

APAでは4つの理事会の設立により，科学，実践，公益，教育におけるアドボカシーの統括と監視が行われるようになり，より幅広い問題への関与が可能になっている。1974年からは国会議事堂で働く心理職への財政支援によるフェローシップ・プログラムが生まれ，過去43年間，参加した129人のフェローのうち約3/4が，フェローシップ後も政策関連の職に就いている。また，APAは大学院教育や継続教育のために "Psychologists' Guide to Advocacy" を提供しており，地域，州，連邦レベルで効果的なアドボケートになれるよう，心理職にスキルを教えるプログラム "PsycAdvocate" を創設した。

このようなAPAの歴史は，アドボカシーが応用心理学だけの領域ではないことを示しており，アドボカシー実践が科学と実践の架け橋となっていることを示している。「科学者－実践者－アドボケートモデル」において，心理職は視野を広げ，自らを外向きの科学者であり実践家，そして公益に奉仕し社会正義を志向するアドボケートであると考えることができるのである。

Ⅳ　科学者－実践者－アドボケートモデルのトレーニングの開発と実施

「科学者－実践者－アドボケートモデル」の起源はカウンセリング心理学にあり，そのルーツを考えると社会正義を志向するアドボカシーに焦点を当てているといえる。カウンセリング心理学におけるアドボカシーのルーツは100年以上前にさかのぼり，Persons が職業カウンセリングにおいて若者，女性，移民，社会経済的背景を持つ人々にアドボカシーを行ったことに始まる。1980年代には，自己への焦点化，専門家としての中立性の重視（科学的客観性の主張），臨床心理学などのより強力な下位分野との正当性をめぐる闘争などがあり，アドボカシーの教育は低調になったものの，

2000年代以降再び注目されている。Fassinger & O'Brien（2000）は，女子大生のキャリア・カウンセリングという文脈における「科学者－実践者モデル」には，女性のキャリア発達（そしてカウンセリングを求める多くの個人の発達）を妨げている性差別や，相互に影響しあう抑圧のような，文脈的要因への注意が欠けていると指摘した。抑圧的な文脈に注意を払わず，その個人だけを扱うことは，「空虚な環境」を作り出す。この環境は，個人を励ますことも落胆させることもしないが，見かけの中立性を保つことで，性差別社会における女性と男性の異なる生活経験や文脈を無視し，実際に性差別的な現状を再強制しうる。特権と抑圧のシステムを含む文脈的要因に積極的に挑戦しない限り，疎外された人々にとって，介入は不十分であり，ともすれば非難の対象となりかねない。Fassinger & O'Brien（2000）は，心理職に対し，中立性という幻想を捨て，心理学教育や訓練に「アドボケート」という新たな専門的役割を意識的に加えることで，人々の生活の破壊的な文脈に積極的に介入するよう呼びかけた。

「科学者－実践者－アドボケートモデル」の第一の目標は，学生のなかに社会正義志向を育成することである。社会正義志向は，研究，臨床，教育，アドボカシーにおける公平性と正義に焦点を当てた「あり方」と考えることができる。これには，構造（経済的・社会政治的な力）を認識すること，臨床の場以外の構造（例えば，健康の社会的決定要因）に精通すること，問題の「文化的」定義を構造的な用語で再定義すること，構造的介入を想像すること，「構造的謙虚さ」（例えば，自分の構造的能力の限界を認識すること）を身につけることなどの「構造的能力」（Metzl & Hansen, 2014）が必要である。「科学者－実践者－アドボケートモデル」は，社会正義志向と構造的能力によって，研究者と臨床家の役割を代替するのではなく，補完することを目的としている。科学者，実践者，アドボケートの役割が互いに影響し合う，「強みを連動させた三者モデル」（Mallinckrodt et al., 2014）なのである。教育に追加される内容には，共感，理解，違いを超えてコミュニケーションするスキル，特権と抑圧のシステムに対する認識，持続的な対面対話を通して社会正義を促進する能力を育成する集団間対話（IGD）の理論・実践などがある。社会正義実践演習では，地域の機関と共同でシステミックな介入を行うものなどもある。

　表は，「科学者－実践者－アドボケートモデル」を促進するために考えうる戦略を個人，機関，分野，コミュニティの各レベルでまとめたものである。

　学問分野全体にわたる「科学者－実践者－アドボケートモデル」の採用は，学生を訓練するだけでは成功せず，教員もまた継続的な教育を受ける必要がある。また，社会正義を志向するためには，心理学が歴史的に科学とみなしてきたものを拡大する必要もある（Cauce, 2011）。「科学者－実践者－アドボケートモデル」では，量的，質的，事例研究，混合研究法などさまざまな研究を実施する能力が重視されるが，Ponterotto et al. (2013) は，社会正義を目的とした研究において，混合研究法が特に有用であるとし，「私たちの社会で力を与えられておらず，歴史的に沈黙を守ってきた人々の生活への窓」が多数あること，「社会変革や参加者のコミュニティ・エンパワーメント」の機会が生まれること，「社会における『特権』の複雑な力学に光を当てる」ことができるとしている。

　心理学が社会に貢献し，すべての個人の幸福と生活を向上させるためには，科学的知識に貢献し，精神衛生上の問題の改善に役立つだけでなく，科学と実践における強みを活かして，公平かつ公正な公共政策を提唱しなければならない。「科学者－実践者－アドボケートモデル」は，すべての心理職が，社会の利益のために働く公共の存在であると自覚するよう，教育と訓練を変革する手段を提供するものである。

表　公共心理学を促進するために考えうる
「科学者－実践者－アドボケートモデル」の戦略

個人レベル
「社会正義志向」を身につける，「科学」についての理解を深める，心理学および他分野で現在行われている社会正義の研究とアドボカシーについての認識を深める，地域社会とのつながりを築く，アドボカシー・コンピテンシーの育成。

機関レベル
制度上の公約を明確にし，説明責任を明確にする，内規・ハンドブック・その他の規定が不公平を再生産しないようにする，学部の社会正義オリエンテーションを実施する。

分野レベル
APA の部門レベルの取り組みを奨励し支援する，学術誌の審査基準に支援活動に関する考慮事項を含める，科学・実践・支援活動の交わりにおける教育および研修に関する分野全体にわたる基準を作成する。

コミュニティレベル
地域社会とのつながりを構築する。

V　紹介者からのコメント

　心理職が健康な個人のあり方をどのように考え，支援の目標をどのように設定するかという問題は，心理職が健康な社会のあり方をどのように考え，どのような社会を目指すべきだと考えているかという問題と切り離せないという（杉原，2024）。さらに，心理支援は，健全な社会を実現しようとする市民の努力に寄与する限りにおいて価値をもつものであり，社会の健全性を問わずして心理支援を行うのは非常に危険である（杉原，2024）。研究と実践をつなぐ共通基盤としてのアドボカシーを志向するとき，私たちの専門性が向かう先はより明確になるだろう。

　長年にわたって社会的に抑圧されてきた人々は苦境のなかから声を上げ続け，心理職も声にならない声に耳を傾け，必要とあればその声を伝えようとしてきた。格差が拡大し，社会情勢が不安定化するなか，心理職はパターナリズムに陥らぬよう留意しながらも役割を拡大して，専門性の一部としてアドボカシーを実践し，より積極的に改善

を必要する場合は制度に働きかけ，社会に提言をしていく必要があるだろう。

　本論文では，APAが組織レベルで行ってきたアドボカシー実践が紹介されていたが，まずはミクロレベル（個人）での実践，そしてメゾ，マクロとその実践領域を広げつつ，心理職のアドボケートとしての役割を整理する必要があろう。対立軸を作らず，困難な会話を維持し，よりよい社会に向けての共通項を見出す高い専門的スキルが心理職にはあるのではないかと思う。

●文献

American Psychological Association (2009) Mission statement.

Cauce AM (2011) Is multicultural psychology a-scientific? : Diverse ethods for diversity research. Cultural Diversity and Ethnic Minority Psychology 17-3 ; 228-233.

Eaton AA, Grzanka PR, Schlehofer MM et al. (2021) Public psychology : Introduction to the special issue. American Psychologist 76-8 ; 1209-1216.

Fassinger RE & O'Brien KM (2000) Career counseling with college women : A scientist-practitioner-advocate model of intervention. Career Counseling of College Students : An Empirical Guide to Strategies That Work. Washington DC : American Psychological Association, pp.253-266.

蔵岡智子, 井出智博, 草野智洋ほか (2023) 心理臨床領域における社会正義とアドボカシーの視点―養成プログラムへの統合を見据えて. 東海大学文理融合学部紀要 1 ; 37-53.

Mallinckrodt B, Miles JR & Levy JJ (2014) The scientist-practitioner-advocate model : Addressing contemporary training needs for social justice advocacy. Training and Education in Professional Psychology 8-4 ; 303-311.

Metzl JM & Hansen H (2014) Structural competency : Theorizing a new medical engagement with stigma and inequality. Social Science & Medicine 103 ; 126-133.

Ponterotto JG, Mathew JT & Raughley B (2013) The value of mixed methods designs to social justice research in counseling and psychology. Journal for Social Action in Counseling and Psychology 5-2 ; 42-68.

杉原保史 (2024) 新自由主義と現代人の心. In：和田香織, 杉原保史, 井出智博, 蔵岡智子 編：心理支援における社会正義アプローチ. 誠信書房, pp150-157.

Toporek RL & Daniels J (2018) ACA Advocacy competencies endorsed by ACA 2003 (Lewis, Arnold, House & Toporek) and updated in 2018. (https://www.counseling.org/docs/default-source/competencies/aca-advocacy-competencies-updated-may-2020.pdf [2025年2月24日閲覧])

✎ 主題と変奏——臨床便り

第72回
つながりの作法？

南谷樹里
[名古屋市教育委員会事務局 なごや子ども応援委員会]

誤解を恐れず表現すると，学校は溝（ギャップ）ばかりだ。例えば児童生徒と教員の間，教員と保護者の間，小学校と中学校の間にも。ただ同時に，それらは日々当事者の手によって埋められていて，だからこそ学校は人が集う場でいられる。問題は溝が埋まらなくなった時。みんなが不安になり，学校は揺れる。その言葉にならない不安や動揺を投げ込まれた時が，スクールカウンセラー（SC）の腕の見せ所だ。

ここで私の取り組みのひとつをご紹介——使うのは，オリジナルで作成したすごろく。対象は小学6年生，「中1ギャップを防ぐために，小学校段階で打つ手はないか」と考えた仲間の中学校SCと，毎年3学期に小学校で出張授業をしている。

すごろくのマス目は，「好きな食べ物は？」というシンプルな質問から始まって，「中学は制服がある。楽しみ？　いやだなぁ？」「友だちはどうやってつくる？　自分から声をかける？　声をかけてもらうのを待つ？」みたいな中学校進学の質問に進んでいく。四人一組になって，サイコロを振って止まったマス目の質問に回答し，お互いのどんな気持ちも考えも否定せず，進学しても困ったら相談できる味方だとエールを送りあって終了する。

この授業で，私たちおとなたちは，2つのつながりを意識している。まずは「縦のつながり」。中学校SCが実施者となることで，進学に不安をもつ児童とも直接顔つなぎができる。2つ目は「横のつながり」。児童は気持ちを共有して応援しあい，離れても味方だというメッセージを伝えあう。こ

れらのつながりはゆるやかだが，多くの子どもたちにとって小・中学校の溝を乗り越えるための力になることが，この実践から見えてきた。

この取り組みはありがたいことに，小学校の先生から「進学してから不登校になったって聞くこともあって，気にしていることが多いんです。だからこういった授業をやってもらえて，私たちも安心できます」と言われたり，中学校の先生からも「次はどんな子たちが入学してきますか？」と聞かれたりする。両者の間の溝では，子どもたちに対するあたたかな思いも，確かにつながっているのだ。

つながりはいつも複数形である。支援へのつながりを望む子もいれば，重いと感じる子もいる。すでにあるあたたかなつながりを大切に，さまざまな方向へ，ゆるやかに，子どもたちみんなを溝（ギャップ）から守るセーフティーネットを張り巡らせること。ささやかだが日常を支える，私のつながりの作法だ。

ところで，肝心の子どもたちはというと，おとなたちのねらいをよそに，ひたすらすごろくを楽しんでいるようにしか見えない（笑）。「おれ中学校でバスケ部に入りたい！」「中学校の先生って怒ると怖いって聞いたけど本当かなぁ」，子どもたち同士のこんな言葉がにぎやかに飛び交い，ゆっくりと教室が満たされていく。あぁ，この雰囲気をそのまま文章にできたらいいのに……！

書評 *BOOK REVIEW*

橋本和明 ［著］

子どもをうまく愛せない親たち
―― 発達障害のある親の子育て支援の現場から

新書判・朝日新聞出版 ［朝日新書］
2024年12月刊
定価990円（税込）

評者＝**亀岡智美**（兵庫県こころのケアセンター）

　昨今激増する子ども虐待への対応の際に，子どもが被るトラウマ（心的外傷，こころのケガ）が注目され，子どものこころを守る視点からの介入がなされるようになってきたのは喜ばしいことだ。一方，発達特性を有する子どもや育てにくい子どもの子育てに悪戦苦闘する親に対して，「それはないでしょ」と言いたくなるような対応を目にすることが時々ある。

　たとえば，指示に従わない，癇癪がひどいなど，子どもの行動に困り果てて相談に来た親に対して，「そう神経質にならずに」とか「しばらく様子を見ましょう」といった助言指導がなされ，そのまま放置されていた後，親が思い余って子どもを叩くようになると，「それは虐待だ」と糾弾するケース。相談したときには取り合ってもらえず，体罰を振るった途端に介入される親の気持ちはいかばかりかと思う。

　本書は，そんなモヤモヤを吹き飛ばしてくれる内容であふれている。全9章からなる本書では，まず，発達障害を有する親が子育てに取り組む際の困難や，発達障害の子どもの被虐待リスクが高いこととその要因が，具体例とともにわかりやすく説明されている。その中で浮かび上がってくるのは，結果として虐待行為に至ったとしても，親なりに子育てにまつわるさまざまなニーズ（こんな子どもになってほしい）があり，子育てに取り組もうと奮闘している姿である。

　中盤では，知的発達症，自閉スペクトラム症，注意欠如・多動症など，発達障害の特性がコンパクトにまとめられている。また，発達障害が親子に現れる3つのパターン（親が発達障害，子どもと親が発達障害，子どもが発達障害）を想定し，「社会性の欠如」「コミュニケーション力の欠如」「柔軟性の欠如」「認知の欠如」

などの特性が，子育ての際にどのように影響し，どのような困難を招くのか，著者の豊富な経験をもとに解説されている。そのなかで，虐待に至ってしまう発達障害特有のメカニズムが明らかにされていく。

　そして終盤では，子育ての多様性を認め，具体的な子育ての技術を伝授することこそが，親子を虐待から救うことになると説かれている。いくつかの「ワンポイント・アドバイス」もわかりやすい。全編を通して著者は，「子育ては，愛情ではなく技術である」ということを伝えている。親としての倫理を解くことや，やみくもに愛情をかけることが，親子を救うことにはつながらない。「愛情をかけること」が意味するところも，人それぞれだからだ，と。

　社会情勢の移り変わりとともに，子育ては以前にもまして困難な仕事になっている。本書が醸し出す親へのやさしい視点を，社会全体で共有する必要性を感じるとともに，本書が，多くの子育てに悩む親とその支援者に届くことを切に祈りたい。

今福章二 [編著]
文化としての保護司制度
—— 立ち直りに寄り添う「利他」のこころ

四六判並製・ミネルヴァ書房
2024年10月刊
定価1,980円（税込）

評者＝羽間京子（千葉大学）

保護観察は，非行のある少年や犯罪をした人の再非行・再犯の防止と改善更生を目的とする社会内処遇である。日本の保護観察の特徴は，常勤の国家公務員である保護観察官と，民間篤志家（ボランティア）で非常勤の国家公務員である保護司が協働して実施する点にある。保護観察処遇への民間の協力は他国でも見られるが，日本の保護司制度（1950年に法制化）ほど整ったシステムは稀であり，その活動は安心・安全な社会づくりに大きく寄与している。ただし，活動の実際は一般にほとんど知られておらず，また，時代の変化に伴い，保護司の確保が大きな課題の一つとなっている。

編著者は，刑事司法のうち社会内処遇を統括する法務省保護局の元局長である。退官後に設立した保護司みらい研究所において，多様な専門家等との間で継続されてきた保護司制度に関する議論をまとめたのが本書である。タイトルにあるとおり，保護司制度を文化と位置づけ，「利他」と寄り添いに焦点をあてて考察していこうとする意欲的な取り組みであって，本書の特別寄稿を読むと，タイムリーな刊行であることが浮き彫りとなる。

本書は大きく2つの部分から構成されている。序章の保護司制度の概説を踏まえ，第I部では本書のキーワードである「利他」と寄り添いについて論じられる。利他に関する議論は，利己との関係性，「利他」の瞬間が生まれるとき，「利他」の成立と受け手などから，人間観にまで及ぶ。寄り添いに関しては，「寄り添えないことに悩むことが，寄り添うことである」との逆説的事実の検討が，ヘルス・ケア・システムやケアとセラピーの枠組み，世間知と専門知の観点等から展開されていく。それぞれの論考に続く対談，保護司の随想，保護司制度の歴史にかかる章が，保護司活動とのつながりをより鮮明にする。

第II部では「応援のコミュニティを創る」とのタイトルのもと，まず地域共生社会の理念が詳しく述べられ，さらに鼎談も通して，その実現に向け，刑事司法と福祉の連携や保護司を含めた地域住民の活動・実践の重要性，保護司のもつ力に寄せられる期待が論じられる。次に，保護司執筆の複数のコラムが，更生支援のネットワークづくりのための活動内容を具体的に示す。加えて，イギリス連邦諸国との比較を扱った章により，日本の保護観察制度の特徴が明らかにされる。

全体として，評者の知る限り，本書は日本で初めて保護司制度や活動への評価をとりまとめたものであり，その意義は大きい。また，保護司による文章は簡潔にまとめられているが，そのため行間から苦労が伝わる気がした。保護司の思いにさらに焦点を当てた書籍の刊行を期待したい。さらに，心理臨床の観点からすると，第I部の「利他」と寄り添いに関する議論は，保護司の活動のみならず，対人援助の基本にかかる重要なものといえる。本書に刺激され，評者は自分の臨床を振り返るよい機会を得た。対人援助に携わる方々にぜひ手に取ってほしい書である。

野口裕二［著］

増補 アルコホリズムの社会学
―― アディクションと近代

文庫判・筑摩書房［ちくま学芸文庫］
2024年11月刊
定価1,320円（税込）

評者＝**岩倉 拓**（あざみ野心理オフィス）

　本書を読むことは，自らの臨床を振り返り，その立ち位置を俯瞰するとともに，自らの視点の根幹を再考する貴重な機会となるだろう。本書はアルコール依存症をめぐる治療論，社会的問題を多角的に分析した重要な著作である。アルコホリックの臨床の社会的な定義，治療の歴史を概観し，背後にあるスティグマ，医療化の問題，共依存などの関係性の問題，さらには家族や地域との関係と焦点を移しながら，医療化と脱医療化の間で揺れ動く治療の変遷を描き出し，近代の「自己像」が持つ陥穽へと論が進んでいく。さらに，今回の増補版では初版以降の社会状況の変化や研究の進展を踏まえ，より現代的な視点が加わった。

　各臨床家の視点や経験によって注目するポイントは異なるだろうが，私は特に専門家支配と非専門家（当事者）という古典的で現代的な問いに目を引かれた。これは現在も日常的に私たちが直面している問題でもあり，医療や心理士が，患者・クライエントを"診断"し，ある治療やプログラムに当てはめることにより，「専門家支配」を強化し，患者の主体を奪い，結果的に回復の道を遠ざけるリスクに注目させる。

　一方で，野口は脱医療化，そして当事者が生成してきた治療モデルとして，アルコホリクス・アノニマス（AA）のようなセルフヘルプグループモデルの重要性を強調する。AAは，当事者同士が支え合い，問題へのコントロール喪失を認め，回復を目指すアプローチを取る。このアプローチは，従来の医療モデルとは異なる可能性を秘め，長年にわたり風雪に耐え，その効果を示している。

　私が地域支援の臨床実践で感じるのは，まだ事例化していない多くの問題が潜在していることである。これは私たち心理士の重要な仕事であり，広大な未開の領域を残している。野口は，治療における「ネットワーク」の重要性を強調する。個別の患者を超え，家族や社会とのつながりから考える視点は，治療論と実践が一致していることを感じさせる。例えば，野口は，保健所を中心とした地域ネットワークモデルを検証している。患者・クライエントの閉じた世界から新たな居場所を作り，次の段階として新たな地平を開くことを，「代替機能」そして「創造機能」と分類する。「初期介入→行動修正→社会復帰」という段階の分類と介入の試行も臨床的に有効であることを感じた。

　潜在的な問題を取り巻く「ファースト・クライエント」や「支援者支援」への介入の大切さも実感するところである。主訴を自覚し，来談するまで待つ個人療法モデルへの批判として，この点は重要である。本書を推薦する信田さよ子との臨床的対話を思い出す。個人療法モデルの限界について考えていた私が，個人療法の準備期として「0期」と口にすると，信田が「私の臨床は常に0期」と断じたのが10年以上前である。今になってその言葉の意味が明確に理解できる。

　後半の論考では，「自立した主体的な個人」という近代的な自己モデルへの問いと疑念が含まれている。私が実践してきた精神分析は，その理想的な「自己」に過度に依存してきたかもしれない。それが患者への無自覚な圧力になってきたのではないだろうか，さらに言えば，その理想的な自己という幻想自体が事の本質だったのかもしれない，という問いが湧いてきた。治療者も「治療的無力」とクライエントとの同じ地平に開かれる必要があることを本書は伝えている。

　文庫版あとがきで，「対話的関係」と「無知の姿勢」に言及していることが興味深い。「治療」という権力性を超え，患者や家族と共に問題を共有し，対話を通じて解決を図る姿勢に到達したのだろう。この視点と感覚は，現代の心理臨床の独自性においてますます重要となっている，と私は感じる。

　本書は，アルコホリズムの論考であるが，不登校やひきこもりなどの臨床，ゲーム依存などの依存の問題，さらには家族の問題と権力勾配などの実臨床の問題と通底している問題を提示している。「意志の問題」と断じられ，医療と福祉の狭間に陥り，疎外されているクライエントを思い起こし，心理士にこそ，それを繋いでいく役割があるのではないか？　そんな希望と期待も抱かせる読後感であった。

高野 晶・山崎孝明 ［編著］
週1回精神分析的サイコセラピー
—— 実践から考える

A5判並製・遠見書房
2024年11月刊
定価3,900円（税込）

評者＝妙木浩之（東京国際大学）

　週一回の，その精神分析的な営みの意義を見直すという論文集。それぞれの論者が力を入れた労作になっている。頻度や寝椅子，そして転移解釈と設定状況論から各治療構造への示唆を含めて，論者の一人である藤山直樹氏の言葉を借りれば，「インパクト」の強い一冊になっている。

　アムステルダム・ショック以後，日本の精神分析はIPA基準の訓練が導入され，週四を基準に再構造化された。毎日分析が標準化されると，何となく過去の，それ以前の実践が否定されて，週一回が多いのか少ないのか，あるいは週に複数回なら頻度を増やせばいいのか，よくわからない状況が今も続いている感じがする。過去の実践が間違っていたという，心理療法家たちの朦朧とした自己否定感の理由は，山崎孝明氏のレヴューを読むとなるほどと思う。その意味で啓発的な論考だ。そもそも毎日分析の費用便益性だって，あるいは治療効果だってエヴィデンスがあるわけではないのだから，毎日分析が導入された今だからこそ，週一回を見直そうという機運が高まっているのだとしたら，これまでを生きてきた私たちは，もっと自信をもって日本の精神分析の在り方を，そしてその根拠を考察できる。考えてみれば，だいたい寝椅子だって，Freudが毎日分析と一緒に使っていたことだけを根拠にするなんて絶対におかしい（過去は基準点にはなるが物差しにはならない）。

　面白いのは，週一という頻度をスペクトラムという視点から見ると，いろいろと議論が広がることである。編者のひとり高野晶氏によるATスプリットや医療の中での実践を独自に位置づけた論考はオリジナリティが高いし，寝椅子を対面との対比だけではなく見えることのスペクトラムと論じている尹成秀氏の論考も面白い。

　もともとこの本は『週一回サイコセラピー序説』（創元社）の続編に位置づけられている。だから私たちの

実践がなぜ週一なのか，序から入って本書の各論を読むのも良いかもしれない。だが本書は，これ一冊で実にワクワクするような本に仕上がっていると思う。編者らの意図もあって，この領域が独立した議論の対象になっていく歴史を描き出してくれるし，毎日分析は確かに世界基準なのかもしれないけど，日本独自の長い歴史を，今の実践に接合させて，週一やオンディマンド，あるいはもっと違う自由な視点から，治療頻度，対面から平行，寝椅子やヴィジュアライゼーションの可否，見ることと見ないこと，対面と目線の交流の使い方まで，いろいろなことを論じる出発点となっているように感じる。その意味で，週一のプラクティスの長い歴史を出発点として，単に簡易版精神分析という評価ではなく，精神分析的な「心理療法」の大きな可能性を感じる本に仕上がっている。実際，これまでの議論を要約した山崎孝明氏が結論しているように，そこには「広大な未踏の地が広がっている」のだろう。日本の精神分析の未来は明るいと感じる一冊。

カレン・ブルース［著］

岩壁 茂［監訳］　浅田仁子［訳］

マインドフル・セルフ・コンパッション
—— 批判的な内なる声を克服する

A5判並製・金剛出版

2024年11月刊

定価2,970円（税込）

評者＝松岡靖子（川村学園女子大学）

　本書は，セルフコンパッションとマインドフルネスの専門家として知られるKaren Bluthのティーン向けの著作の翻訳書である。翻訳書にありがちな不自然な言い回しが少なく，読み手に話しかけるような文体でわかりやすく仕上げられた一冊である。本書で取り上げられているセルフコンパッション（Self-compassion）という言葉は，自分自身に対して優しく接し，困難な状況でも自分を責めずに受け入れることを意味する。セルフコンパッションが注目を集めている理由は，現代社会がその反対に進んでいるからだと言えるだろう。SNSが広く普及したことにより，人はさまざまな情報にアクセスしやすくなった一方で，知らない方が幸せであることも目に入るようになり，小さな失敗に対して「自己責任」とする傾向が強くなっている。ただでさえ他者からの評価に敏感になる思春期の子どもたちには生きにくい世界だと，スクールカウンセラーとして勤務していてつくづく感じることが多い。

　本書はこういったストレスにさらされている思春期の子どもたちに，自己への優しさとマインドフルネスを組み合わせたアプローチを紹介し，セルフコンパッションが心の健康にどれほど重要かを強調し，その実践方法を具体的に示している。私は恥ずかしながらこの本ではじめて，「コンパッション」という言葉の語源がラテン語の「苦しむ」という意味のpatiと，「共に／一緒に」という意味のcomから来ていると知った。この本を読んでいると，セルフコンパッションとは苦しみに抗うとか苦しみを消すとかではなく，まさに"共に苦しむ"，自分自身の苦しみに共感することだと改めて感じさせられる。わかりやすく書かれているとはいえ中高生が直接手に取るにはおそらく多少ハードルが高いが，スクールカウンセラーが読んでおくと臨床に非常に役立つと感じた。また，大学生にも共通しているだろう問題が多く取り上げられており，説明も丁寧であるため，セルフコンパッション入門として心理

学を学ぶ大学生が1つずつ実施していくと，学びにもセルフケアにもなるように思う。

　特に印象に残ったのは第5章「学校のストレス」の一節である。「自分に厳しくするのが習慣になっている理由はたくさんあります。そのひとつは，自分に厳しくすればもっと結果を出せると考えるから」……これは，研究で逆効果だと明らかになっていると知っていても，こういった考えを全く自分の子どもに与えないでいられているだろうかと考えると，どうしてもどこかとらわれている自覚がある。日本人にありがちな考え方にセルフコンパッションがいかに重要かを改めて実感した。

　ほかにもSNSの使い方の難しさや親との関係性の葛藤，自己イメージへの否定感など，具体的で身近な問題に対応したエクササイズが紹介されており，非常に実践的な一冊だと考える。この本を通じて，多くの人がセルフコンパッションを身近なものにしていけることを願う。

● 原書：Karen Bluth (2020) The Self-Compassionate Teen : Mindfulness & Compassion Skills to Conquer Your Critical Inner Voice. New Harbinger Publications.

トーマス・H・オグデン［著］
上田勝久［訳］

生を取り戻す
—— 生きえない生をめぐる精神分析体験

A5判上製・金剛出版
2024年11月刊
定価4,620円（税込）

評者＝小堀 修（国際医療福祉大学）

　評者はイギリス「かぶれ」の認知行動療法師である。イギリスに住んでいた期間が長いため，Tavistock Centreで修行する日本人と交流する機会が度々あった。力動的精神療法も，週に1回，多職種連携など，多様化しているようである（小堀・西村，2011）。一方，著者のThomas H Ogdenは，アメリカの精神分析家であり，本書に掲載された事例は全て，カウチに横たわり，週に5回のセッションを実施している。本書のタイトル「生を取り戻す」の原題は "Reclaiming Unlived Life" の訳で，訳者は「出鼻をくじかれた」と述懐しているが，とてもセンスのある言葉の選択だ。図表はひとつもないが，美しく奏でられたメロディのような文章で，とても読みやすい日本語になっている。

　そう，とても読みやすい。しかし，頭に入ってこない。私には読解力がないのだという現実を突きつけられる。すると「専門が違うから」という第2章の魔術的思考が出現する。主観で歪められた現実を見てしまう魔術的思考は，陰陽師であれば「呪をかけた」状態であり，認知行動療法では「現実が『想い』通りになる」という信念であり，他の精神療法にも通底する概念であろう。Ogdenも，先人たちの著作をレビューする際に，無理に自分の領域に取り込もうとせず，わからないことをわからないままにしておくスタイルに好感が持てる。第5章では本の帯にあるように，精神分析家としての成熟について語られており，訳者もこの第5章を読者がどう体験するか楽しみにしているようだ。私が大きな影響を受けたスーパーバイザーには，日本の精神科医と，イギリスの臨床心理士の2人がいた。最初はなんでも真似てみる。目指してみる。しかし，近づいていくどころか，距離はどんどん離れていく。自分だけの，唯一無二の認知行動療法を実践するしかない。右往左往しながらも，ある道を進んでいく自分にふと出会う瞬間が来る（まだ出会えてないかもしれないが）。それは「唐突なブレイクスルーやユリイ

カ現象」ではなく，これまでのバイザー，バイジー，クライアント，文献，仲間たちとの相互作用が，ゆっくり醸成された結果である。

　河合（2004）によると，キリスト教以降のヨーロッパの物語では，王子が魔法でカエルになるなど，変化には魔法が必要となる。キリスト教以前のケルト文化や日本の物語には，時間的な切断がなく変化が訪れ，鶴がいつのまにか人間の女性になっていたりする。このような摩訶不思議な変化の体験が，訓練や資格とは別の次元でおこるのではないか。これが評者が第5章から受け取った物語であった。私のように精神分析が専門でない読者は，この書評で取り上げた第2章と第5章から読むと，自分の臨床に引きつけて味わえるだろう。

●文献

河合隼雄（2004）ケルトを巡る旅—神話と伝説の地．日本放送出版協会．

小堀修，西村理晃（2011）住み分けずに棲み分ける—英国の認知行動療法と精神分析的心理療法．精神科治療学 26-3；301-307．

●原書：Thomas H Ogden (2016) Reclaiming Unlived Life : Experiences in Psychoanalysis. Routledge.

投稿規定

1. 投稿論文は，臨床心理学をはじめとする実践に関わる心理学の研究における独創的で未発表のものに限ります。基礎研究であっても臨床実践に関するものであれば投稿可能です。投稿に資格は問いません。他誌に掲載されたもの，投稿中のもの，あるいはホームページなどに収載および収載予定のものはご遠慮ください。

2. 論文は「原著論文」「理論・研究法論文」「系統的事例研究論文」「展望・レビュー論文」「資料論文」の各欄に掲載されます。「原著論文」「理論・研究法論文」「系統的事例研究論文」「展望・レビュー論文」は，原則として400字詰原稿用紙で40枚以内。「資料論文」は，20枚以内でお書きください。

3. 「原著論文」「系統的事例研究論文」「資料論文」の元となった研究は，投稿者の所属機関において倫理的承認を受け，それに基づいて研究が実施されたことを示すことが条件となります。本文においてお示しください。倫理審査に関わる委員会が所属機関にない場合，インフォームド・コンセントをはじめ，倫理的配慮について具体的に本文でお示しください。

   - 原著論文：新奇性，独創性があり，系統的な方法に基づいて実施された研究論文。問題と目的，方法，結果，考察，結論で構成される。質的研究，量的研究を問わない。
   - 理論・研究法論文：新たな臨床概念や介入法，訓練法，研究方法，論争となるトピックやテーマに関する論文。臨床事例や研究事例を提示する場合，例解が目的となり，事例の全容を示すことは必要とされない。見出しや構成や各論文によって異なるが，臨床的インプリケーションおよび研究への示唆の両方を含み，研究と実践を橋渡しするもので，着想の可能性およびその限界・課題点についても示す。
   - 系統的事例研究論文：著者の自験例の報告にとどまらず，方法の系統性と客観性，および事例の文脈について明確に示し，エビデンスとしての側面に着目した事例研究。以下の点について着目し，方法的工夫が求められる。
     - ①事例を選択した根拠が明確に示されている。
     - ②介入や支援の効果とプロセスに関して尺度を用いるなど，可能な限り客観的な指標を示す。
     - ③臨床家の記憶だけでなく，録音録画媒体などのより客観的な記録をもとに面接内容の検討を行っている，また複数のデータ源（録音，尺度，インタビュー，描画，など）を用いる，複数の研究者がデータ分析に取り組む，などのトライアンギュレーションを用いる。
     - ④データの分析において質的研究の手法などを取り入れ，その系統性を確保している。
     - ⑤介入の方針と目的，アプローチ，ケースフォーミュレーション，治療関係の持ち方など，介入とその文脈について具体的に示されている。
     - ⑥検討される理論・臨床概念が明確であり，先行研究のレビューがある。
     - ⑦事例から得られた知見の転用可能性を示すため，事例の文脈を具体的に示す。
   - 展望・レビュー論文：テーマとする事柄に関して，幅広く系統的な先行研究のレビューに基づいて論を展開し，重要な研究領域や臨床的問題を具体的に示す。
   - 資料論文：新しい知見や提案，貴重な実践の報告などを含む。

4. 「原著論文」「理論または研究方法論に関する論文」「系統的事例研究論文」「展望・レビュー論文」には，日本語（400字以内）の論文要約を入れてください。また，英語の専門家の校閲を受けた英語の論文要約（180語以内）も必要です。「資料」に論文要約は必要ありません。

5. 原則として，ワードプロセッサーを使用し，原稿の冒頭に400字詰原稿用紙に換算した枚数を明記し，必ず頁番号をつけてください。

6. 著者は5人までとし，それ以上の場合，脚注のみの表記になります。

7. 論文の第1枚目に，論文の種類，表題，著者名，所属，キーワード（5個以内），英文表題，英文著者名，英文所属，英文キーワード，および連絡先を記載してください。

8. 論文から得られた知見の臨床実践への示唆について，1項目あたり100字以内で3項目記載してください。

9. 新かなづかい，常用漢字を用いてください。数字は算用数字を使い，年号は西暦を用いること。

10. 外国の人名，地名などの固有名詞は，原則として原語を用いてください。

11. 本文中に文献を引用した場合は，「…（Bion, 1948）…」「…（河合，1998）…」のように記述してください。1) 2) のような引用番号は付さないこと。
    2名の著者による文献の場合は，引用するごとに両著者の姓を記述してください。その際，日本語文献では「・」，欧文文献では '&' で結ぶこと。
    3名以上の著者による文献の場合は，初出時に全著者の姓を記述してください。以降は筆頭著者の姓のみを書き，他の著者は，日本語文献では「他」，欧文文献では 'et al.' とすること。

12. 文献は規定枚数に含まれます。アルファベット順に表記してください。誌名は略称を用いず表記すること。文献の記載例については当社ホームページ（https://www.kongoshuppan.co.jp/）をご覧ください。

13. 図表は，1枚ごとに作成して，挿入箇所を本文に指定してください。図表類はその大きさを本文に換算して字数に算入してください。

14. 原稿の採否は，『臨床心理学』査読委員会が決定します。また受理後，編集方針により，加筆，削除を求めることがあります。

15. 図表，写真などでカラー印刷が必要な場合は，著者負担となります。

16. 印刷組み上がり頁数が10頁を超えるものは，印刷実費を著者に負担していただきます。

17. 日本語以外で書かれた論文は受け付けません。図表も日本語で作成してください。

18. 実践的研究を実施する際に，倫理事項を遵守されるよう希望します（詳細は当社ホームページ（http://www.kongoshuppan.co.jp/）をご覧ください）。

19. 掲載後，論文のPDFファイルをお送りします。紙媒体の別刷が必要な場合は有料とします。

20. 掲載論文を電子媒体等に転載する際の二次使用権については当社が保留させていただきます。

21. 論文は，金剛出版「臨床心理学」編集部宛に電子メールにて送付してください（rinshin@kongoshuppan.co.jp）。ご不明な点は編集部までお問い合わせください。

(2024年3月10日改訂)

編集後記 Editor's Postscript

　今の職場に入職してからずっと，心理職と地域支援の間の距離に違和感がありました。今回執筆をお願いしたみなさまの中にも「自分の仕事はあんまり心理っぽくないけど大丈夫ですか」と聞いて下さった方が複数いらっしゃいました。他方，原稿を読ませていただいて，いずれの実践も臨床心理学を背景にもつ効果的で有意義な支援だと強く感じました。こうした実践をしている方々がご自身を「心理っぽくない」とおっしゃる中で，果たして「心理っぽさ」とはなんだろう，という疑問の答えを今期の編集委員会に参加する中で見つけられたらと思います。

　最後に，年度末の大変忙しい時期に，素晴らしい原稿をご寄稿下さった執筆者のみなさまに心から御礼を申し上げます。本特集号がすでに地域支援に関わっている方やこれから関わる方への励ましになると確信しています。今後も『臨床心理学』誌を通じてさまざまな領域の優れた経験・知見を読者と共有していけるよう努めてまいります。　　　　　　　　　　　　　　　　　　　　　　　（佐藤さやか）

名誉顧問 ……………………… 村瀬嘉代子

顧問 ……………………… 森岡正芳

編集委員（五十音順）……………… 石垣琢麿（東京大学）／岩壁 茂（立命館大学）／亀岡智美（兵庫県こころのケアセンター）
石垣琢麿（東京大学）
齋藤 梓（上智大学）／佐藤さやか（国立精神・神経医療研究センター）
東畑開人（白金高輪カウンセリングルーム）／信田さよ子（原宿カウンセリングセンター）
橋本和明（国際医療福祉大学）／山崎孝明（こども・思春期メンタルクリニック）

査読委員（五十音順）　岩壁 茂（査読委員長）／金子周平（査読副委員長）／相澤直樹／青木佐奈枝／浅野憲一／新井 雅／井出智博／梅垣佑介／川﨑直樹／串崎真志／佐藤洋輔／末木 新／高野 明／田中健史朗／能智正博／野田 航／藤里紘子／松嶋秀明／明翫光宜／湯川進太郎／吉川麻衣子

臨床心理学　第 25 巻第 3 号（通巻 147 号）

発行＝2025 年 5 月 10 日
定価 1,980 円（10％税込）／年間購読料 14,740 円（10％税込／含増刊号／送料不要）

発行所＝㈱金剛出版／発行人＝立石正信／編集人＝藤井裕二
〒 112-0005　東京都文京区水道 1-5-16
Tel. 03-3815-6661／Fax. 03-3818-6848／振替口座 00120-6-34848
e-mail　rinshin@kongoshuppan.co.jp（編集）eigyo@kongoshuppan.co.jp（営業）
URL　https://www.kongoshuppan.co.jp/

装幀＝永松大剛／印刷・製本＝シナノ印刷

北大路書房

〒603-8303　京都市北区紫野十二坊町12-8
☎ 075-431-0361　FAX 075-431-9393
https://www.kitaohji.com（価格税込）

不安とうつへの ポジティブ感情トリートメント[セラピストガイド]

M.G. クラスク，H.J. ドゥール，M. トレナー，A.E. ミューレ著　鈴木伸一，伊藤正哉監訳　A5・240頁・定価4400円　ポジティブ感情トリートメントは不安やうつを抱える人が物事に取り組む意欲を回復して人生の楽しさや喜びを見出せるようになるアプローチ。基本原則，行動科学・神経科学の基礎理論，実践の要点などをセラピスト向けに手引き。

不安とうつへの ポジティブ感情トリートメント[ワークブック]

A.E. ミューレほか著　鈴木伸一，伊藤正哉監訳　B5・120頁・定価2970円　ポジティブ感情トリートメントは不安やうつを抱える人が物事に取り組む意欲を回復して楽しさや喜びを見出せるようになるアプローチ。ワークブックは，クライエントがポジティブな出来事や活動を思い描きつつ心地よさにつながる行動を学ぶ力を培うエクササイズを手引きする。

マインドフルネス・コンパッション指向 統合的心理療法

G. ジュヴェルツほか著　前田泰宏，小山秀之，東斉彰訳　A5・352頁・定価4620円　〈ふつう〉の個人心理療法において，どうすればマインドフルネスやコンパッションを効果的に活用できるのか？　マインドフルネスとコンパッションを変化のメタプロセスとして捉え，調律された治療関係の中で変容と成長をもたらす強力な治療モデルをつくり上げる。

ACT実践家のための「コンパッションの科学」

―心理的柔軟性を育むツール―　D. ターシュほか著　酒井美枝，嶋大樹，武藤崇監訳　伊藤義徳監修　A5・336頁・定価3960円　刺激に対するクライエントの感情・認知・行動的柔軟性を高めるACT。そこにコンパッションを取り入れた治療の新たな可能性を臨床例やワークシートと共に紹介。

フォーカシング・ハンドブック

日笠摩子監修　高瀬健一編著　A5・256頁・定価3960円　フォーカシングの最新の理論や実践方法を収めた入門手引書，待望の発刊！基礎知識・体験過程・背景理論の解説とあわせて読者自らフォーカシングを体験できるワークや，セラピストと一緒に取り組む「フォーカシング指向心理療法」をガイド。初学者から幅広く活用できる決定版。

メンタライジングによる青年への支援

―MBT-Aの実践ガイド―　T. ロッソー，M. ウィーヴェ，I. ヴルーヴァ編　西村馨監訳　A5・256頁・定価4180円　思春期・青年期を対象としたメンタライジング（MBT-A）の実践ガイド。最新の理論に基づいて，自傷行為，素行症，パーソナリティ障害など，セラピストが現場で対応に苦慮する問題への支援方法を解説。

メンタルヘルスの英語論文の書き方

―国際誌で出版し続けるコツと思考法―　小寺康博著　A5・212頁・定価3080円　決して順風満帆ではなかった〈ふつうの研究者〉が初めてのアクセプトから僅か7年で，いかにして研究者の生産性とインパクトを表す【H指標】を40以上まで積み上げたのか？　英語論文を書き続けるためのノウハウとメンタルスキルを解説する。

公認心理師ハンドブック 心理支援 編

浅井伸彦，杉山崇編著　A5・328頁・定価2970円　法令で定められた4大業務に即して，心理職の現場で役立つ理論と実践の基礎を解説する新シリーズ。本巻では，精神力動的心理療法，人間性心理学，認知行動療法等，各心理支援の方法をバランスよく紹介。特定の学派や流派に限らず，折衷的にも学派ごとにも学べる心理支援ガイド。

シリーズ心理学と仕事8 **臨床心理学**　太田信夫監修／高橋美保，下山晴彦編集　定価2200円

公認心理師標準テキスト **心理学的支援法**　杉原保史，福島哲夫，東斉彰編著　定価2970円

心理学ベーシック第5巻 **なるほど！心理学面接法**　三浦麻子監修／米山直樹，佐藤寛編著　定価2640円

マインドフルネスストレス低減法　J. カバットジン著／春木豊訳　定価2420円

レベルアップしたい実践家のための **事例で学ぶ認知行動療法テクニックガイド**　鈴木伸一，神村栄一著　定価2530円

愛着関係とメンタライジングによるトラウマ治療　J. G. アレン著／上地雄一郎，神谷真由美訳　定価4180円

ナラティヴ・セラピーのダイアログ　国重浩一，横山克貴編著　定価3960円

ナラティブ・メディスンの原理と実践　R. シャロン他著／斉藤清二他訳　定価6600円

グラフィック・メディスン・マニフェスト　MK. サーウィック他著／小森康永他訳　定価4400円

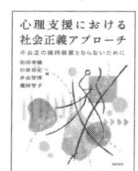

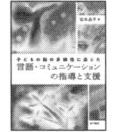

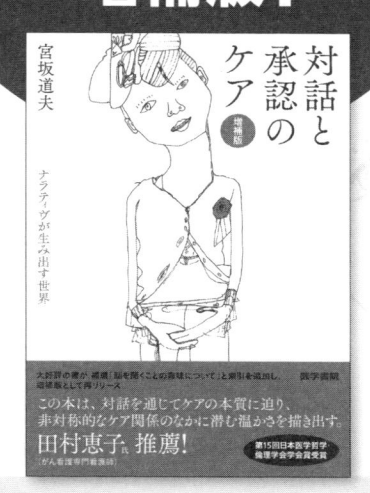

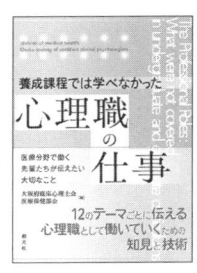

新刊案内

Ψ金剛出版　〒112-0005　東京都文京区水道1-5-16　Tel. 03-3815-6661　Fax. 03-3818-6848
e-mail eigyo@kongoshuppan.co.jp　URL https://www.kongoshuppan.co.jp/

新訂増補
子どもから大人への発達精神医学
神経発達症の理解と支援
［著］本田秀夫

児童青年期の精神科臨床においては，クライエントの生活史，パーソナリティ，に加えて，「発達」の視点を盛り込むことが必須である。本書は，これまで30年以上にわたって発達精神医学を臨床の主たる対象としてきた筆者の経験から生み出された臨床研究と実践的知見の集大成である。本書初版は多くの読者に好評を博したが，診断基準の改定に伴う専門用語・概念の変遷をふまえ，この度全編を大幅に改訂した。　　　　　定価3,740円

集団精神療法テキストブック 総論編
［監修］日本集団精神療法学会　［編著］西村 馨　岡島美朗　関 百合

本書は，集団精神療法について学び，それを実践しようとする人に向けたテキストである。どこから学べばいいのかわからない，何を実践すればいいのかわからない，そういった方に向けて，グループというものの概論から，臨床での使い方までを網羅的に解説した。いま，心理療法はさまざまな場面での効率化がはかられ，また，求められてもいる。集団精神療法は実に活用範囲の広いものであり，効率的な実施形態として，選択されることが多い。だが，効率性以上に，グループの中に入り，そこでの体験を通して自分と他者，そしてその関係についてじっくり考えることが，この時代だからこそ意味のあるものだと考えるのである。　　　　　定価3,960円

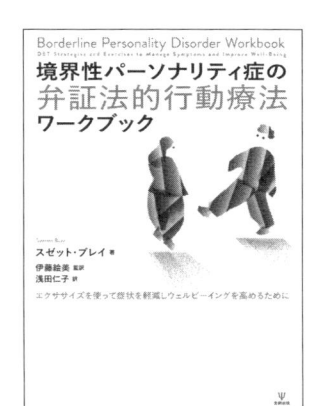

境界性パーソナリティ症の
弁証法的行動療法ワークブック
エクササイズを使って症状を軽減しウェルビーイングを高めるために
［著］スゼット・ブレイ　［監訳］伊藤絵美　［訳］浅田仁子

著者のスゼット・ブレイは，全編を通じて，BPD当事者の抱える苦悩にやさしく寄り添い，その苦悩の自己理解を助け，その苦悩を受け入れると同時に良い方向に変えていく（これが「弁証法」である）ためのスキルを，超具体的に，わかりやすく紹介してくれる。そしてそれらの考え方やスキルは，BPD当事者のみならず，何らかの苦悩を抱えながらこの世を生きる全ての人にとっても役立つものだろう。　　　　　定価4,180円

価格は10%税込です。

新刊案内

Ψ金剛出版

〒112-0005　東京都文京区水道1-5-16　Tel. 03-3815-6661　Fax. 03-3818-6848
e-mail eigyo@kongoshuppan.co.jp　URL https://www.kongoshuppan.co.jp/

組織の変化と動機づけ面接
医療・福祉領域におけるリーダーのために

[著] コリーン・マーシャル　アネット・S・ニールセン
[監訳] 原井宏明　[訳] 大出めぐみ

動機づけ面接（MI）は，他者の変化への動機を促進する対人援助の技法であり，近年，組織への活用に関心が高まっている。本書では，MIの原理と，医療・社会福祉領域における従業員の成長や組織の重要な変化を助けるためのMIの活用法について解説する。MIは変化を強要せず，協調的な対話と特徴的な4つのプロセスを通じて，行き詰まっている従業員や組織の問題を解決する。組織において他者の成長や変化をサポートする役割を担う，あらゆる層のリーダーにとって役に立つ実践的な一冊。　　　　　　　定価4,180円

動機づけ面接を
始める・続ける・広げる

[編著] 原井宏明

「動機づけ面接」は，アディクションの治療から始まり，今日ではかなり知られた言葉になった。現在は一般的な保健指導にも使われるようになり，公認心理師試験の課題の一つにも加わっている。本書は，「MIの概説：教える立場から」個人や組織の変化：実際にMIを使う立場から」「オリジナルな領域へ：MIでキャリアを変えた人など」の3部からなる。各執筆者が，学習者として自分にとって役に立ったMIの学び方，トレーナーとして，これからの学習者に勧めたいMIの学び方等を紹介している。　　　　定価3,960円

事例にまなぶ認知行動療法
子ども×学校の困りごとが解決に向かうマインドセット

[著] 西川公平

「認知行動療法は，雑多具体的な方法の集合体であり，ひとつの体系立った療法ではない」——だからこそCBTは，理論と技法をフレキシブルに組み合わせ，効果的な方法をクリエイトできる。あるときはスクールカウンセラー，またあるときは開業セラピストとして，データ分析を駆使して悩める人たちに知恵と勇気を授けていく。「特定の話しかしない子」「お腹が痛くて学校を休みがちな子」「動くことがままならない子」など多彩な事例を紹介しながら，データ分析とケース研究の両輪で子ども×学校の悩みをときほぐす。ケースカンファレンスを再現したユニークなCBT事例集。　定価3,080円

価格は10%税込です。

新刊案内

Ψ 金剛出版　〒112-0005　東京都文京区水道1-5-16　Tel. 03-3815-6661　Fax. 03-3818-6848
e-mail eigyo@kongoshuppan.co.jp　URL https://www.kongoshuppan.co.jp/

援助者必携
心理カウンセリングのための精神病理学入門

[著]内海 健　津川律子

すべては，「心理カウンセリングの本質を知りたい」という願いからはじまった。12回にわたる精神症状の見かた・聴きかたを巡る対話は，あるときは精神病理学の古典からDSM/ICD，またあるときは了解から質感へ，多彩なテーマを次々に横断しながら，クライエント一人ひとりの個別性に踏みとどまるという臨床の原点に到達する。精神症状のリアルにふれ，日々の実践を下支えする，練達の臨床家による珠玉のクロストーク。　　定価3,740円

病いのリアリティ
臨床民族誌の系譜

[著]江口重幸

著者は，臨床人類学の物語論から，力動精神医学の歴史へとさかのぼり，さらに民俗学ないし民族誌学的な視点へと迂回する「北西航路」をたどろうとする。それは，あくまで人文科学系のアプローチであるが，じつは身体になじませ，「身体技法」にいたる，環境的で生物学的リアリティを含む部分をゴールに据えようとするものなのである。この領域の圧倒的先達であるクラインマンやグッド，土居健郎や中井久夫から，シャルコーやジャネやミッチェル，ドゥヴルーを経て，子規や柳田国男に導かれるこの一種の「回峰行」を，読者とともにたどれたらと思う。　　定価5,280円

精神分析とトラウマ
クライエントとともに生きる心理療法

[編著]平井正三　櫻井 鼓

本書では，個人の主観性の理解を通した援助をしてきた精神分析が，より広く社会と個人との関係を扱い，クライエントとともにトラウマ経験の意味を問い，主体性の確立を目指す立場が貫かれる。精神分析がトラウマの問題にどのように貢献し，またしうるのかという問いをめぐる論考による第Ⅰ部，被虐待経験や発達障害を持つ人への精神分析的心理療法の実践を収めた第Ⅱ部，いじめ・犯罪被害・災害にみられるトラウマに対する精神分析的アプローチを示した第Ⅲ部によって，従来の精神分析の知見をブラッシュアップし，トラウマ臨床の新たな視点を得られるであろう。　　定価4,180円

価格は10%税込です。

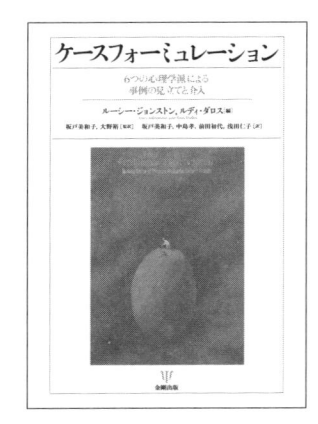

好評既刊

Ψ 金剛出版　〒112-0005　東京都文京区水道1-5-16　Tel. 03-3815-6661　Fax. 03-3818-6848
e-mail eigyo@kongoshuppan.co.jp　URL https://www.kongoshuppan.co.jp/

メンタルヘルスにおける
地域生活支援の手引き
医療機関から手を伸ばしたつながり方

[編著] 長谷川直実

ある診療所が地域の中でさまざまな臨床行為を展開してゆく場合に，個々の医療機関内外でのスタッフ間の連携なしには，それを実践することも論じることもできない。いかほどに優れた治療スタッフであっても，名人芸や特殊技能だけで，個性に富んださまざまな事例に適切な改善や回復をもたらすことは困難だろう。逆にいえば，ひとりひとりが特殊な能力に恵まれていなくても，誠意と熱意をもったスタッフが数多く寄り合えば，1＋1＋1＝3ではなく，その成果は6にも10にもなるのではないだろうか。　　定価2,860円

IPS援助付き雇用

精神障害者の「仕事がある人生」のサポート

[著] サラ・J・スワンソンほか　　[監訳] 林 輝男　　[訳] 中原さとみ

精神障害がある人のためのエビデンスに基づく就労サービスであるIPS援助付き雇用は，今や全世界に拡大して精神障害者の「仕事がある人生」を切り拓き続けている。本書は，IPS援助付き雇用を実装するために必要な哲学・組織・チームワーク・実践者のスキルについて詳細に紹介し，さらにIPSの就労スペシャリストに何より求められる前向きな姿勢を詳しく解説している。独創性のヒントとなるサービス利用者と第一線の実践者たちの言葉に溢れている。　　定価5,060円

地域で暮らそう!
精神障害者の地域移行支援・地域定着支援・自立生活援助導入ガイド

[著] 岩上洋一　一般社団法人 全国地域で暮らそうネットワーク

保健・医療・福祉の総合的な取り組みが求められる厚生労働省「精神障害にも対応した地域包括ケアシステム」構築を見据え，地域生活への移行を進めて，精神障害者が地域で暮らし続けるための各機関の協議・情報共有の仕組みを解説。「地域移行支援」「地域定着支援」に加え，地域での自立生活を支援するストレングス志向の新サービス「自立生活援助」にも対応して，各サービスの概要と支援の具体的なプロセスを理解する。　　定価2,420円

価格は10％税込です。

好評既刊

Ψ金剛出版 〒112-0005 東京都文京区水道1-5-16　Tel. 03-3815-6661　Fax. 03-3818-6848
e-mail eigyo@kongoshuppan.co.jp　URL https://www.kongoshuppan.co.jp/

トム・アンデルセン 会話哲学の軌跡
リフレクティング・チームからリフレクティング・プロセスへ

[著・訳] 矢原隆行　[著] トム・アンデルセン

1985年3月のある晩，ノルウェーの都市トロムソで，精神科医トム・アンデルセンがセラピーの場の〈居心地の悪さ〉に導かれ実行に移したある転換。当初「リフレクティング・チーム」と呼ばれたそれは，「二つ以上のコミュニケーション・システムの相互観察」を面接に実装する会話形式として話題となる。自らの実践を「平和活動」と称し，フィンランドの精神医療保健システム「オープン・ダイアローグ」やスウェーデンの刑務所実践「トライアローグ」をはじめ，世界中の会話実践を友として支えるなかで彫琢された会話哲学に，代表的な論文二編と精緻な解説を通して接近する。　定価3,080円

ナラティヴ・コンサルテーション
書くことがひらく臨床空間

[著] 小森康永　安達映子

あらゆる〈事例〉にはカルテに書かれない多くの可能性が埋もれている。「質問すること」と同時に「文書を書くこと」を実践のコアとしてきたナラティヴ・セラピーと，文学理論を背景に「物語能力」を医療者にもとめるナラティヴ・メディスン，そして変化につながる「適度な差異」を会話にもたらすリフレクティング・プロセス。常にそこにあった「別の記述」は詩学と創作によって開封され，新たな患者・対象者理解はリフレクションによって多声化される。「書き，書き直し，共有すること」を軸に，「事例をナラティヴにする」新たなコンサルテーションを構想する。　定価3,520円

対人支援のダイアローグ
オープンダイアローグ，未来語りのダイアローグ，そして民主主義

[著] 高木俊介

現代社会は対人支援の現場においても協働作業が難しい状況にあり，障害者支援システムは大転換の時代にある。本書で展開されるのは，精神科治療のためのオープンダイアローグと，対人支援組織や当事者−支援者関係のための未来語りのダイアローグを統合するための実践的な試みである。ふたつのダイアローグでは，支援者に高度な精神療法的配慮とソーシャルネットワークを集める視点が求められる。著者は，共同体の再生を目指す，ふたつのダイアローグの技法的側面と治療哲学をバフチンの「ダイアローグの思想」を引用しながら有効な治療戦略としてわかりやすく解説する。　定価2,860円

価格は10%税込です。

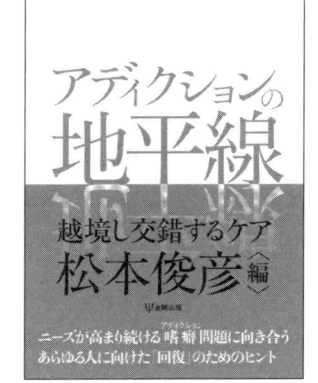

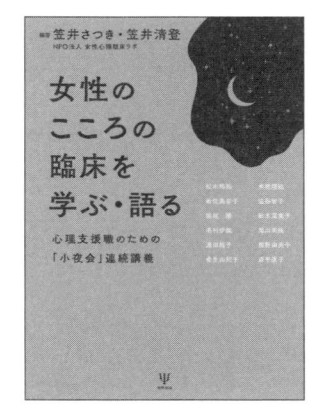
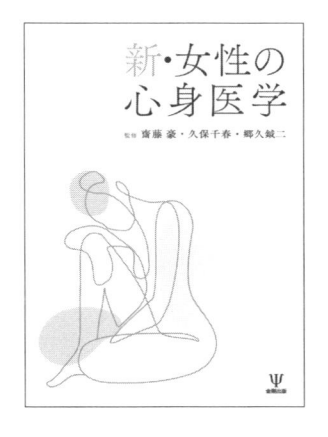

好評既刊

Ψ金剛出版　〒112-0005　東京都文京区水道1-5-16　Tel. 03-3815-6661　Fax. 03-3818-6848
e-mail eigyo@kongoshuppan.co.jp　　URL https://www.kongoshuppan.co.jp/

統合失調症の個人面接ガイドブック

[著]池淵恵美

再発につながる行動特性の把握＝生活臨床と症状への対処法の習得＝認知行動療法をベースに，面接室の外で起こっていること，当事者と家族の日々の生活と人間関係について，デイケアスタッフや多職種協働チームも交えて話し合い，当事者の深い傷つきに思いを馳せ，成功を一緒に喜ぶ。統合失調症の治療とリハビリテーションの要，リカバリーを支える池淵流個人面接のすすめ方を，基本形・初診時から詳しく解説。「……実際は生活の破たんから精神障害は始まる。なぜ生活は破たんしたのか，それをどう回復していくことができるのか，どのような生活を目指していくことが本人や家族にとってよいのかを手探りすることが回復の第一歩である」　　　　定価3,300円

精神科医療における暴力とケア

[編著]下里誠二　木下愛未

精神科で起こる暴力とは何だろう。その暴力をケアするとは何だろう。本書は，その暴力が渦巻いている中に身を置いている方，外から暴力を考える方，精神科とは直接の関係のない哲学の世界から暴力を考える方，当事者，その家族……などさまざまな立場の方からのご論考を集めている。「暴力」とは何だろう。ただ，その行為だけを見ているだけでは何も変わらない。それを取り巻く精神医療，社会全体，人間存在そのもの，といった根源的な問題からの考察が必要不可欠である。その上で，さらに「ケア」とは何か。何がケアにつながるのか，本書を通して読者一人ひとりに考え続けていただきたいと願う。　　　　定価3,740円

事例で学ぶ統合失調症のための認知行動療法

[編著]石垣琢麿　菊池安希子　松本和紀　古村 健

妄想・幻聴・陰性症状に焦点化する「症状中心アプローチ」，研究と実践の往還を重視する「エビデンス・ベイスト・プラクティス」を両輪とする「統合失調症のための認知行動療法（Cognitive Behavior Therapy for psychosis：CBTp）」を探究し，実践経験の情報共有，スーパーヴィジョン，臨床研究協力を目的として結成された「CBTpネットワーク」。ひとつの到達点としての本書では，「早期介入・触法事例・地域支援」のケーススタディを通じて，CBTpのエッセンスを余すところなく解説する。　　　　定価4,620円

価格は10%税込です。

好評既刊

Ψ金剛出版 〒112-0005 東京都文京区水道1-5-16 Tel. 03-3815-6661 Fax. 03-3818-6848
e-mail eigyo@kongoshuppan.co.jp URL https://www.kongoshuppan.co.jp/

精神科長期入院よ さようなら

ロングステイ

最良の精神療法とは何か?

[著]中村 充

長期入院に対して医療者の立場から，退院を阻む最大の要因は「症状の重い患者さんの退院は無理と諦め，結果的に患者さんから意欲を喪失させている」医療側にあるのではないかと指摘する。その上で，①最も必要な「精神療法」は「退院支援」そのものなのではないか，②退院や回復の意欲が感染するかのごとく次々と広がるのを支援することが私たちの務めなのではないかと提言し，患者さんの「変わる」力を信じて「退院支援」の必要性を説く。　　　　　　　　　　　　　　　　　　　　　　　　　　定価3,520円

精神障害者支援の思想と戦略

QOLからHOLへ

[著]田中英樹

「精神障害者支援の世界をリードしてきたものは，エビデンスベースの証明の科学の発展も含めて，思想が出発点となっている――」。いまだ全世界の精神科病床の5分の1を有するわが国の現状において，脱施設化の巨大な政策的課題と並行して，これからの精神障害者支援の思想はどのような形をとり，いかなる戦略で進められていくのか。90年代から現在まで続くわが国の精神障害者支援のパラダイムを「地域生活支援の確立＝統合的生活モデル」といち早く定義した著者が，世界的な動向と日本全国で育ってきた優れた実践の検討を通して示す精神障害者支援の未来像。　　　　定価3,960円

統合的短期型ソーシャルワーク

ISTTの理論と実践

[著]エダ・ゴールドシュタイン　メアリーエレン・ヌーナン
[監訳]福山和女, 小原眞知子

統合的短期型ソーシャルワーク＝ISTTは，迅速で綿密な生物・心理・社会的アセスメントにより，時間的制約，資源の制約のなかで困難ケースへの最適な介入を構築する援助スキルであり，ソーシャルワークが培ってきた理論・技術を結集したプラクティカルな援助理論である。生活問題とメンタルヘルスの問題がからみあうなかで，さらに活躍が期待されるソーシャルワーカーの臨床力を向上し，福祉領域の多岐にわたる業務に堅実で論理的な基盤を提供する。　　　　　　　　　　　　　　　　　　　　　　　定価5,060円

価格は10%税込です。

好評既刊

Ψ金剛出版　〒112-0005　東京都文京区水道1-5-16　Tel. 03-3815-6661　Fax. 03-3818-6848
e-mail eigyo@kongoshuppan.co.jp　URL https://www.kongoshuppan.co.jp/

協働するメンタルヘルス
"会う・聴く・共に動く" 多職種連携／チーム支援

［著］下平美智代

「オープンダイアローグ」は地域精神医療保健システムとして広く人口に膾炙している。その日本での実装可能性，地域移行支援，患者中心の多職種連携の可能性を構想してきた著者は現在，脱施設化時代を迎えた日本の地域精神医療保健の可能性を探究している。地域と生活のフィールドで，援助者と当事者は何を思い，語り，そして動くのか？　多彩な登場人物が織り成す仮想事例記録を通じて「対話」と「協働」のリアルを伝え，経験専門家ならびに多職種専門家との対話と省察を経て，地域から始まる協働的チーム支援，そしてまだ見ぬ地域精神保健ケアの可能性を探ってゆく。　定価3,520円

ストレングスモデル 第3版
リカバリー志向の精神保健福祉サービス

［著］チャールズ・A・ラップ　リチャード・J・ゴスチャ　［監訳］田中英樹

リカバリーの旅に同行する精神保健福祉サービス提供者の条件とは。心から望む意義ある重要な目標は，可能性に開かれた資源を通して達成されることでエンパワメントをもたらす。精神保健福祉システムを超えて展開するクライエントのリカバリーの旅は，ストレングスの宝庫である個人と地域を的確にアセスメントする実践者を得ることでより充実したものとなる。もはや古典ともいえる本書は，クライエントの希望と選択に導かれ，リカバリー志向の関係性を基盤とし，創造力を源泉とした精神障害者支援の今日的方向性を指し示している。　　　　　　　　　　　　　　　　定価5,060円

リカバリー
希望をもたらすエンパワーメントモデル

［編］カタナ・ブラウン
［監訳］坂本明子

精神疾患からの「リカバリー」とは，疾患を経験する前の状態に戻ることではなく，苦痛を経て，それでも夢や希望を携え，人生の舵をとる新たな自分に変化することである。本書は，精神障害者の当事者運動のなかで発生し，今や世界中の精神医療福祉政策にインパクトをあたえ続けている「リカバリー」の概念について，パトリシア・ディーガン，メアリー・エレン・コープランドら先駆者の議論や，ストレングスモデルで名高いカンザス大学の作業療法士（OT）たちの実践を集めた論集である。　　　　　定価3,300円

価格は10%税込です。